LA CUISINE DES MECS

Présentée par Nathalie le Foll
Illustrée par Georges Wolinski

liber

Média Book Production - Maquette Arlette Asselin

INTRODUCTION

Journaliste gastronomique et styliste culinaire, j'adore faire la cuisine et en parler : recettes, vins, bons produits, bistrots sympa...

Avant même d'entamer une conversation sur le film qui vient de sortir, le roman à la mode ou le dernier scandale politique, mes amis m'entreprennent invariablement sur le petit plat qu'ils viennent d'inventer (ou d'améliorer), les tours de main, les trucs, les astuces... Nous sommes intarissables ; c'est bien connu, les Français ne parlent que de ça.

Je me suis aperçue que les hommes, de plus en plus nombreux, font la cuisine et qu'ils y trouvent un réel plaisir ; pour eux c'est encore rarement une tâche quotidienne : plutôt un loisir qu'ils s'offrent en week-end et en vacances ; grâce au zesteur et à la cocotte, ils oublient leurs problèmes ; le plaisir commence en allant au marché, acheter les beaux et bons produits.

Peut-être, ayant enfin compris que les femmes travaillaient autant qu'eux, les hommes se sont-ils enfin décidés à partager les tâches ; et la cuisine, c'est tout de même plus gratifiant que le ménage ! Quant aux célibataires, dont le nombre ne cesse d'augmenter, eux aussi aiment recevoir et se mettent volontiers aux fourneaux.

Curieuse d'en savoir plus, je suis allée collecter auprès de mes copains leurs recettes préférées et leurs secrets de fabrication ; ils se sont « mis à table » avec plaisir, le plus souvent en donnant beaucoup de détails ; certains ont même précisé que la cuisine ne ressemblait pas à un champ de bataille après leur passage !

Des hommes tous différents, par leur âge – le plus jeune a quatorze ans –, leur profession, leur style de vie : artistes, médecins, avocats, ingénieurs, étudiants, et autres P.D.G. se trouvent réunis dans ce livre. Parfois archi-simples et très rapides, parfois un peu plus compliquées, leurs recettes sont leur fierté ; ils ne peuvent s'empêcher de se prendre pour des chefs !

Mais que cuisinent-ils ? Les hommes n'ont pas la même approche que les femmes : peu de desserts, un minimum de légumes, mais beaucoup de viandes, de poissons, de crustacés, avec un franc succès pour les calmars, le must culinaire des mecs (comme le poulet était celui des femmes).

Dans ce recueil, chacun – et chacune – trouvera des idées, des recettes amusantes... et toujours excellentes.

J'espère que vous ne quitterez plus la Cuisine des mecs, que vous l'offrirez à vos amis et que, comme la Cuisine des copines, il sera un grand succès.

Alors, à vos casseroles, et bon appétit !

Sommaire

LA CUISINE DES MECS

PIERRE M

Pierre est pédopsychiatre.
De père bordelais et de mère landaise, il a toujours apprécié les bons vins et la bonne bouffe. Marié, quatre enfants, il aime se mettre en cuisine, de temps en temps, pour les amis et la famille.
Pierre est toujours dans la lune ; pourtant c'est avec application et précision qu'il cuisine quelques plats devenus ses spécialités. Ils ont la même verve fantaisiste que les histoires épicées qu'il adore raconter.
Physiquement, il a le look de Woody Allen, la même allure distraite. Un soir, à New York, dans un restaurant très branché où il dînait avec sa femme, deux Français assis à une table voisine ont failli lui demander un autographe.

Poulet à la pépio
Mousse blanche au coulis de fraises

Poulet à la pépio

POUR 6 PERSONNES

préparation : 15 mn

cuisson : 1 h

1 poulet de 1 kg 800
3 verres de vin blanc
1 verre de vinaigre
8 oignons
2 citrons
2 branches de romarin
4 cuillères à soupe d'huile d'olive
sel, poivre

Demander au volailler de découper le poulet en six morceaux.
Faire revenir avec un peu d'huile d'olive dans une cocotte ces morceaux de tous les côtés, ôter de la cocotte.
Dans la même cocotte, faire blondir les oignons hachés avec le romarin, dans le restant de l'huile d'olive ; remettre les morceaux de poulet, verser le vin, le vinaigre, saler, poivrer et laisser mijoter 45 mn ; ajouter le jus des deux citrons et cuire encore 15 mn.

Conseil :

La cuisson doit être lente et douce pour que tout soit confit et que la chair du poulet ne se défasse pas.

Mousse blanche au coulis de fraises

POUR 6 PERSONNES

préparation : 20 mn

cuisson : 2 mn

400 g de fromage blanc à 20 %

4 feuilles de gélatine

100 g de crème liquide

3 blancs d'œuf

200 g de sucre en poudre

1 citron non traité

300 g de fraises

Faire tremper les feuilles de gélatine dans un bol d'eau 10 mn.

Faire un sirop en portant à ébullition 75 g de sucre en poudre avec 1/2 verre d'eau ; ajouter la gélatine égouttée et mélanger jusqu'à ce qu'elle soit fondue et mélanger avec le fromage blanc.

Prélever le zeste finement râpé du citron et mélanger au fromage blanc.

Fouetter la crème et l'incorporer en soulevant la préparation.

Battre les blancs en neige et, en continuant de fouetter, verser 75 g de sucre ; incorporer à la préparation.

Verser dans un moule en verre et laisser prendre au réfrigérateur 3 h environ.

Préparer le coulis de fraises en les mixant avec le jus du citron et le restant du sucre, c'est à dire 50 g.

Servir la mousse avec le coulis à part.

Conseil :

Vous pouvez remplacer le zeste du citron par un zeste d'orange et le coulis de fraises par un autre coulis de fruits, framboises, fruits rouges, abricots, mangues...

VINCENT

Vincent est mon filleul et le plus jeune cuisinier de ce livre. Pour se faire de l'argent de poche, il confectionne des gâteaux qu'il va vendre dans sa résidence ; et les commandes sont devenues régulières.
Pour se diversifier, il s'est mis au salé et cuisine des plats très sophistiqués pour la Fête des mères, d'après des recettes qu'il a cherchées dans les livres de cuisine. Ses parents ont adoré sa crème d'huîtres aux poireaux et ses filets de merlan au tabasco ; quant au gâteau Virginie, c'est son must.

Crème d'huîtres aux poireaux
Filets de merlan au tabasco
Gâteau Virginie

Crème d'huîtres aux poireaux

POUR 4 PERSONNES

préparation : 20 mn

cuisson : 30 mn

16 huîtres
3 poireaux
3 pommes de terre
30 g de beurre
4 cuillères à soupe de crème fraîche
cerfeuil
sel, poivre

Laver les poireaux, ôter les feuilles vertes et épaisses puis les couper en tronçons.
Mettre les poireaux dans une casserole avec le beurre et faire cuire à feu doux 10 mn en remuant de temps en temps pour éviter qu'ils n'attachent.
Pendant ce temps, éplucher les pommes de terre et les couper en petits morceaux ; les mettre dans la casserole et verser 1 litre d'eau, saler et laisser cuire à feu doux 20 mn.
Mettre les huîtres au micro-ondes 30 secondes à 1 mn ; elles s'ouvrent toutes seules sous l'effet de la chaleur.
Ôter délicatement les huîtres de leur coquille et laisser en attente sur une assiette ; recueillir l'eau des huîtres, la filtrer à l'aide d'une passoire fine et verser dans la soupe.
Mixer la soupe, ajouter la crème, poivrer et réchauffer dans la casserole en laissant frémir 5 mn.
Au moment de servir, verser dans la soupière, ajouter les huîtres et le cerfeuil ciselé.

Conseil :

A défaut de micro-ondes et si vous redoutez d'ouvrir les huîtres à la main, vous pouvez les faire ouvrir à la vapeur.

Filets de merlan au tabasco

POUR 4 PERSONNES

préparation : 5 mn

cuisson : 5 mn

8 filets de merlan
de 100 g
100 g de beurre
1 verre de
vin blanc sec
ciboulette
tabasco
sel, poivre

Dans une poêle à revêtement anti-adhésif, faire légèrement dorer dans le beurre les filets de merlan 2 mn de chaque côté ; saler, poivrer, ajouter plusieurs giclées de tabasco et le vin blanc et cuire 2 mn.
Ôter les filets de merlan, garder au chaud et laisser réduire la sauce quelques minutes jusqu'à ce qu'elle soit onctueuse ; ajouter la ciboulette ciselée et verser sur les filets de merlan.
Servir avec du riz Basmati ou des pommes de terre vapeur.

Conseil :

Il ne faut surtout pas trop cuire les filets de merlan, ils deviendraient secs ; c'est pourquoi il faut les ôter avant de laisser réduire la sauce.

Gâteau Virginie

POUR 6 PERSONNES

préparation : 20 mn

cuisson : 20 mn

135 g de chocolat noir

135 g de sucre

65 g de beurre

3 œufs

20 g de farine

Casser le chocolat en morceaux et le faire fondre au bain-marie (ou au micro-ondes) avec le beurre ; mélanger avec une spatule.
Incorporer les jaunes d'œuf, le sucre et la farine.
Battre les blancs d'œuf en neige et les incorporer délicatement en soulevant la préparation.
Verser dans un moule beurré et faire cuire pendant 20 mn au four préchauffé th6-180° ; démouler chaud.

Conseil :

Je choisis pour ce gâteau les chocolats les plus forts en cacao.

WASSILI

Wassili vient de terminer ses études de cinéma en tant qu'ingénieur du son. Très jeune, il s'est mis à faire de la pâtisserie, certainement par gourmandise. Sa grand-mère, sa mère étaient des excellentes mamans confiture. Sa mère lui préparait pour son anniversaire d'extraordinaires gâteaux très décorés. Dans les déjeuners de famille, désormais, c'est lui qui s'occupe de tout. Tous le trouvent très doué.
Autodidacte, il a appris à faire des desserts très compliqués en se plongeant dans la lecture des manuels de pâtisserie ; il préfère ici nous donner des recettes faciles et qu'il affectionne particulièrement.

Salade d'épinards à la coriandre
Soupe d'hiver aux baies roses
Tarte au potiron
Tarte au chocolat
Confiture de rhubarbe

Salade d'épinards à la coriandre

POUR 4 PERSONNES

préparation : 15 mn

cuisson : 3 mn

150 g de pousses d'épinard

8 foies de volaille

1 petite batavia

2 échalotes

1 citron

1/2 cuillère à soupe de vinaigre de framboise

3 cuillères à soupe d'huile d'arachide

30 g de pignons

30 g de beurre

1 bouquet de coriandre fraîche

sel, poivre

Laver et éplucher les salades, essorer.
Préparer l'assaisonnement en mélangeant les échalotes hachées avec le vinaigre, un peu de jus de citron, le sel et le poivre.
Mélanger salade et assaisonnement.
Couper les foies en deux ou trois et les faire revenir sur feu vif dans le beurre bien chaud 2 à 3 mn, sans cesser de tourner.
Verser avec le jus de cuisson sur la salade, ajouter les pignons, la coriandre, mélanger et servir aussitôt.

Conseil :

On peut remplacer le vinaigre de framboise par du vinaigre de xérès ; dans ce cas, supprimer le jus de citron.

Soupe d'hiver aux baies roses

POUR 6 PERSONNES

préparation : 20 mn

cuisson : 1 h

2 poireaux

2 courgettes

4 pommes de terre

4 navets

1 tête de brocoli

2 oignons

200 g de haricots blancs

4 cuillères à soupe d'huile d'olive

2 cuillères à soupe de baies roses

2 gousses d'ail

estragon, sarriette

sel, poivre

Éplucher, couper tous les légumes en petits morceaux.
Faire revenir 10 mn, dans la moitié de l'huile d'olive, oignons, pommes de terre, navets et poireaux .
Verser 1 litre 1/2 d'eau bouillante, saler, poivrer, ajouter les haricots écossés, la sarriette, laisser cuire 45 mn ou plus, vérifier la cuisson des haricots.
Ajouter les courgettes, le brocoli détaillé en petits bouquets, les baies roses, l'ail finement haché et l'estragon ; cuire encore 5 mn. Courgettes et brocoli doivent rester croquants ; verser le restant de l'huile d'olive et servir aussitôt.

Conseil :

On peut remplacer les baies roses par du parmesan râpé.

Tarte au potiron

POUR 6 PERSONNES

préparation : 30 mn

cuisson : 45 mn

pour la pâte

200 g de farine

100 g de beurre

1 pincée de sel

400 g de chair de potiron

100 g de purée de marrons

2 œufs

50 g de crème

50 g de sucre

1 orange

1/2 cuillère à café de cannelle

4 clous de girofle

muscade, poivre

Préparer la pâte en mélangeant le beurre mou avec la farine, le sel et un peu d'eau tiède ; laisser reposer 1/2 h.
Faire cuire le potiron coupé en morceaux à la vapeur, 10 mn environ, jusqu'à ce qu'il soit tendre, et le mixer ou l'écraser à la fourchette.
Prélever les zestes de l'orange et les faire cuire dans la crème 1 mn, laisser infuser 15 mn puis filtrer.
Étaler la pâte dans un moule beurré.
Battre les œufs avec le sucre et ajouter le potiron, la crème de marrons, la crème et les épices, mélanger.
Verser la préparation sur la pâte et faire cuire à four préchauffé th6-180° pendant 35 mn ; saupoudrer de sucre 5 mn avant la fin de la cuisson.
Servir chaud.

Conseil :

Il faut bien choisir le potiron, la chair doit être bien orangée, pas trop fibreuse ; les petits sont meilleurs que les gros. Il existe une sorte de potiron appelée potimaron qui a la goût de marron ; si vous en trouvez, utilisez-le dans cette recette, elle n'en sera que meilleure.

Tarte au chocolat

POUR 6 PERSONNES

préparation : 30 mn

cuisson : 20 mn

200 g de chocolat noir à 70% de cacao

20 cl de crème fraîche

100 g de noix du Brésil

50 g de sucre

300 g de pâte brisée (voir recette de la tarte au potiron)

Préparer la pâte, l'étaler dans un moule beurré et la faire cuire recouverte de papier d'aluminium et des légumes secs, à vide, au four préchauffé th7-210° pendant 20 mn.
Faire un caramel en faisant cuire le sucre avec 1/2 verre d'eau ; quand il est doré, ôter du feu, stopper la cuisson avec 2 cuillères de crème fraîche et incorporer les noix du Brésil concassées ; laisser refroidir.
Couper le chocolat en petits morceaux ; porter la crème à ébullition et jeter le chocolat, attendre quelques minutes et mélanger jusqu'à ce que tout le chocolat soit bien fondu.
Étaler sur le fond de la tarte le caramel aux noix puis la crème au chocolat ; laisser prendre au frais 2 à 3 h.

Conseil :

Cette tarte ravira les amateurs de chocolat amer et peu sucré. On peut aussi utiliser un chocolat à 55% de teneur en cacao.

Confiture de rhubarbe

POUR 4 POTS DE 500 G

préparation : 15 mn

cuisson : 1 h 30

1 kg de rhubarbe

750 g de sucre

1 orange

muscade, poivre

Éplucher la rhubarbe, ôter les fils et la couper en tronçons.
Prélever le zeste de l'orange et le couper finement, presser le jus.
Faire macérer toute une nuit tous les ingrédients.
Faire cuire à feu doux dans une casserole pendant 1 h 30 ; la confiture doit être confite.

Conseil :

Pour la conserver, il suffit de la verser dans des pots en verre très propres, ébouillantés puis égouttés avant d'être remplis.
Verser une couche de paraffine, qui s'achète chez les droguistes ; on la fait fondre sur feu doux et on en coule une couche de 2 à 3 mm sur la confiture ; on termine par une feuille de papier cristal et un élastique si le pot ne possède pas son propre couvercle métallique.

RÉMI

Rémi est propriétaire d'une célèbre marque de champagne.
Amoureux de son champagne, il ne cuisine des plats qu'en fonction de leur accord parfait avec ses différentes cuvées. Rémi voyage beaucoup et rapporte des recettes qu'il adapte à ses champagnes ; épices et chocolat peuvent très bien s'accorder avec les bulles les plus fines.
Rémi cuisine toujours en vacances et c'est en Bretagne qu'il a inventé une incroyable recette de homard.
A l'apéritif, Rémi sert des éclats de parmesan, c'est ce qu'il y a de meilleur avec son champagne !

Homard brut ou homard du paresseux
Poulet sorcière
Fondant au chocolat
Figues au four
Mousse de pomme caramélisée

Homard brut ou homard du paresseux

POUR 6 PERSONNES

pas de préparation

cuisson : 15 mn

3 homards
de 1 kg chacun
ou 6 petits homards
de 600 g
environ chacun
1 ou plusieurs
cocottes en inox
ou en aluminium

Faire chauffer la cocotte vide sur le feu, sans eau ni graisse.
Quand la cocotte est très chaude, y placer le homard vivant sur le dos (c'est moins douloureux), couvrir, réduire le feu et retourner les homards 2 à 3 fois jusqu'à ce qu'ils soient bien rouges, sans laisser brûler ; la cuisson est d'environ 10 à 15 mn pour un homard de 600 g et 15 à 20 mn pour ceux de 1 kg.
Servir sans aucun accompagnement ; le homard ainsi cuit, simplement dans son jus, révélera toutes ses saveurs et sa texture moelleuse.

Rémi accompagne ce plat de roi de Krug grande cuvée ou Krug vintage 1982 ou 1985, ou d'un Krug rosé, ou même d'un Krug collection ; suivant l'humeur.

Conseil :

On peut remplacer la cocotte par une sauteuse à fond épais ; si elle est plus large, on peut faire cuire en même temps deux homards.

Poulet sorcière

POUR 4 PERSONNES

préparation : 15 mn

cuisson : 1 h

1 poulet coupé en 8 morceaux
2 gros oignons
1 gousse d'ail
1 cuillère à café de paprika
1/2 cuillère à café de coriandre en poudre
le zeste d'1/2 orange
le zeste d'1/2 citron
100 g d'olives noires
75 g de raisins de Malaga
1/2 bouteille de vin blanc
3 cuillères à soupe d'huile
sel, poivre

Rouler les morceaux de poulet dans un peu de farine et les faire revenir dans une cocotte avec l'huile, les oignons et l'ail haché.
Verser le vin blanc chaud, saler, poivrer et ajouter le paprika, la coriandre et les zestes d'orange et de citron ; laisser mijoter à feu doux 30 mn.
Ajouter les olives noires dénoyautées et les raisins préalablement trempés dans de l'eau, laisser encore cuire 30 mn.

Sur ce plat Rémi sert un Krug rosé ou un Krug collection.

Conseil :

Pour un plat plus consistant servir avec un riz Basmati, des pâtes ou une purée de céleri.

Fondant au chocolat

POUR 8 PERSONNES

préparation : 15 mn

(24 h à l'avance)

cuisson : 2 h

250 g de chocolat noir

250 g de beurre

125 g de sucre en poudre

6 œufs

Fouetter le beurre avec le sucre.
Faire fondre le chocolat coupé en morceaux au bain-marie ou au micro-ondes, ajouter le beurre coupé mou à température ambiante.
Mélanger les deux préparations ; verser dans un moule beurré et faire cuire pendant 2 h au bain-marie au four th5-150°.
Laisser refroidir et mettre au frais 24 h avant de servir, le fondant sera meilleur.

Rémi sert ce fondant avec un sorbet à la framboise et un Krug rosé.

Conseil :

Certains gastronomes sont scandalisés par l'accord chocolat-champagne, mais, comme le dit à juste titre Rémi (j'ai pu vérifier), le sorbet framboise est un lien délicat et très agréable entre le champagne rosé, aux arômes de fruits rouges, et le chocolat.

Figues au four

POUR 4 PERSONNES

préparation : 15 mn

cuisson : 10 mn

500 g de figues ou 12 figues
25 g de beurre
100 g d'amandes fraîches décortiquées
4 cuillères à soupe de crème liquide
2 cuillères à soupe de sucre

Préchauffer le four th7-210°.
Laver les figues, les couper en deux sans toutefois les séparer.
Faire fondre le beurre dans un plat à four en porcelaine ou en verre, disposer les figues ; mélanger la crème avec le sucre et les amandes émincées, verser un peu de ce mélange sur chaque figue et faire cuire au four 10 mn.
Servir tiède.

Un Krug rosé bien frais fait merveille sur ce dessert.

Conseil :

Avec un peu de patience, enlever la peau des figues et ce dessert sera encore plus délicat.

Mousse de pomme caramélisée

POUR 6 PERSONNES

préparation : 30 mn

cuisson : 1 h

1 kg de pommes reinettes

100 g de sucre en poudre

6 blancs d'œuf

15 morceaux de sucre

Éplucher les pommes, ôter le cœur ; les faire cuire dans un plat avec 2 cuillères à soupe d'eau, pendant 30 mn au four th6-180°.
Mixer les pommes.
Battre les blancs en neige, puis, en continuant de fouetter, incorporer le sucre peu à peu ; incorporer ensuite avec une spatule les pommes mixées.
Faire un caramel avec les morceaux de sucre et 1/2 verre d'eau et le couler sur les parois d'un moule à manqué, laisser refroidir.
Verser la préparation et faire cuire au bain-marie au four th6-180° pendant 30 mn ; démouler de suite ;
Servir tiède ou froid accompagné d'une crème anglaise.

Servir avec un Krug vintage 1982 ou un Krug collection.

Conseil :

Ce dessert très léger peut se servir aussi avec une crème fouettée peu sucrée en ajoutant un sachet ou deux de sucre vanillé.

RÉGINALD

Réginald est parisien par nécessité puisqu'il est comédien. Dès que son emploi du temps le lui permet, il saute dans le premier avion pour prendre l'air du Pakistan ou de la Sibérie; il en rapporte des anecdotes mystérieuses et... des recettes étonnantes. Son métier l'oblige à parcourir la France dans tous les sens. Il en prend son parti et, de retour à Paris, s'adonne aux joies des premières théâtrales et des fêtes improvisées. S'il ne reçoit jamais chez lui, il adore en revanche se mettre aux fourneaux chez les autres et élaborer des recettes aux saveurs incroyables. Et lorsqu'un de ses compagnons de chorale (il chante le dimanche) se marie, il n'hésite pas à courir à la première heure, ce qui est héroïque pour un comédien, au marché de Belleville, acheter du poisson cru pour deux cents convives.

Soupe de carottes
Anchois marinés
Potée à 3 francs 6 sous
Figues à la crème de Grand-Marnier

Soupe de carottes

POUR 4 PERSONNES

préparation : 10 mn

cuisson : 20 mn

500 g de carottes
150 g de crème fraîche
100 g de parmesan râpé
1 petit verre de pastis
1 petit piment oiseau
sel, poivre

Choisir de très bonnes carottes et si possible les faire attendre 2 à 3 jours pour qu'elles se concentrent en saveur.
Les éplucher, les râper avec une râpe à gros trous et les faire cuire 20 mn avec 1 litre d'eau, saler, ajouter le piment.
Mixer pour obtenir un velouté, ajouter le pastis et réchauffer doucement.
Dans la soupière, battre la crème fraîche avec le parmesan, puis verser la soupe brûlante, mélanger et servir aussitôt.

Conseil :

Parfois Réginald ajoute dans la cuisson des carottes un bulbe de fenouil râpé ; cela renforce le goût anisé. Cette soupe fait toujours un tabac et remporte l'unanimité.

Anchois marinés

POUR 4 PERSONNES

préparation : 10 mn

pas de cuisson

25 anchois très frais

1 ou 2 oignons rouges

1/2 cuillère à café de miel

1 ou 2 citrons

1 gousse d'ail

1 cuillère à soupe de grains de coriandre

1 cuillère à soupe de sarriette séchée

2 verres de vin blanc sec

2 feuilles de laurier

sel, poivre

Dans un bocal hermétique, faire mariner les feuilles de laurier avec le vin blanc.
Nettoyer, laver les anchois ; d'un petit coup sec, tirer sur la tête en entraînant l'arête centrale, laver encore, sécher avec du sopalin et disposer à plat dans un récipient.
Éplucher les oignons et les émincer très finement ; disposer sur les anchois.
Mélanger le jus de citron, le miel, l'ail très finement haché, les grains de coriandre et arroser les anchois ; saler, poivrer, parsemer de sarriette.
Laisser mariner au frais 12 h.
Avant de servir, jeter la marinade et la remplacer par le vin blanc au laurier.

Conseil :

Assurez-vous de la fraîcheur des anchois : pas de sang à la tête, le corps doit être rigide et avoir encore ses écailles.
Les proportions d'ail, d'oignon et de jus de citron dépendent de leur taille : surtout pas trop d'ail, juste une pointe.

Potée à 3 francs 6 sous

POUR 6 PERSONNES

préparation : 30 mn

cuisson : 1 h 30

2 cuisses de dinde

6 carottes

6 navets

1 céleri rave ou

1 céleri branche

6 poireaux

2 oignons

9 pommes de terre

thym

1 cuillère à soupe de paprika

4 cuillères à soupe d'huile d'olive

sel, poivre

Éplucher tous les légumes : couper les carottes et les navets en rondelles, le céleri en morceaux, les poireaux en tronçons, les oignons en tranches fines, enfin les pommes de terre en morceaux.
Dans une cocotte en fonte ou en terre, verser un fond d'huile d'olive et disposer les légumes par couches successives sans oublier de saler, de poivrer et de parsemer de thym toutes les 2 couches ; arroser avec 2 cuillères à soupe d'huile d'olive et un verre d'eau ; poser par-dessus les cuisses de dinde, couvrir et faire cuire à four moyen th6-180° pendant 30 mn.
Ôter les cuisses, les désosser et les faire revenir dans une poêle, de tous les côtés, en les saupoudrant de paprika, jusqu'à ce que la chair soit bien dorée.
Déposer à nouveau sur les légumes et cuire encore à couvert, à feu doux, au four pendant 1 h.

Conseil :

Ce plat réduit beaucoup à la cuisson, les légumes sont confits, et délicieux.
Réginald cuisine ce plat très bon marché à la campagne, quand il est fauché.

Figues à la crème de Grand-Marnier

POUR 6 PERSONNES

préparation : 30 mn

pas de cuisson

18 figues vertes ou noires ou mélangées

25 cl de crème fraîche

1 petit verre de Grand-Marnier

Peler délicatement les figues sans les abîmer : cette opération indispensable pour les figues vertes ne l'est pas pour les violettes leur peau étant plus fine.
Fouetter un peu la crème, sans en faire une chantilly, et incorporer le Grand-Marnier.
Plonger chaque figue dans cette crème et déposer dans une coupe de service ; laisser au frais 2 h avant de servir.

Conseil :

Remplacer le Grand-Marnier par du Cointreau.
Juste avant de servir, saupoudrer les figues de sucre cristallisé.

LES ENFANTS, VOUS ALLEZ VOUS RÉGALER JE VOUS AI FAIT DES POMMES DE TERRE NOUVELLES RÔTIES
ON VEUT PAS DE TES PATATES DÉGUEU! ON VEUT DES POMMES DE TERRE SURGELÉES!

PHILIPPE D

Philippe est cameraman à la télé, spécialiste des retransmissions d'opéras et de concerts. Célibataire il ne savait pas faire la cuisine avant la rencontre de son ami Patrick, qui lui avait appris à préparer ses plats préférés. Patrick n'est plus, emporté par une horrible maladie, et Philippe continue à cuisiner, avec cette seule différence : Patrick, d'origine charentaise, adorait le beurre et en mettait partout ; Philippe déteste toutes les matières grasses !

Flan au thon au coulis de poireaux
Lotte au four
Épaule de veau au cidre et aux échalotes
Manqué aux poires

Flan au thon au coulis de poireaux

POUR 4 PERSONNES

préparation : 15 mn

cuisson : 35 mn

200 g de thon au naturel en boîte
30 cl de crème fraîche
4 œufs
30 g de beurre
500 g de poireaux
persil
sel, poivre

Hacher très finement le persil.
Beurrer un moule à cake.
Préchauffer le four th7-220° avec un bain-marie assez grand pour contenir le moule à cake.
Mixer les œufs avec 20 cl de crème et le thon égoutté, ajouter sel, poivre et persil.
Verser la préparation dans le moule et faire cuire au four 35 mn ; vérifier la cuisson en enfonçant la lame d'un couteau.
Pendant ce temps préparer le coulis de poireaux : éplucher et émincer les poireaux et les faire cuire dans une casserole avec le beurre a feu doux, avec sel et poivre, 30 mn ; mixer et ajouter 10 cl de crème fraîche, réchauffer à feu doux.
Servir le flan démoulé avec le coulis à part.

Conseil :

Pour éviter que le persil et les miettes de thon ne tombent au fond du cake, il faut mettre le flan au four seulement quand le bain-marie est très chaud.

Lotte au four

POUR 6 PERSONNES

préparation : 15 mn

cuisson : 30 mn

1 queue de lotte de
1 kg 500 ou 2 de 800 g
2 tomates
1 gros oignon
2 citrons
thym
persil
1 cube de bouillon de volaille
1 verre de vin blanc
sel, poivre

Dans un plat à four, disposer quelques rondelles de tomate, de citron et d'oignon : par-dessus disposer la lotte, parsemer de brindilles de thym, poivrer, ne pas saler et recouvrir toute la lotte de rondelles d'oignon, de tomate et de citron ; ajouter du persil haché.
Dissoudre le bouillon cube dans le vin blanc et arroser la lotte.
Faire cuire à four préchauffé th7-200° pendant 30 mn en arrosant plusieurs fois la lotte avec le jus.
Servir avec des pâtes fraîches.

Conseil :

Philippe, à qui je faisais remarquer qu'il avait dû oublier la matière grasse, m'avoua qu'il détestait les graisses cuites et que dans cette recette, les matières grasses n'étaient pas nécessaires, mais que si j'y tenais je pouvais ajouter quelques noix de beurre 5 mn avant la fin de la cuisson.

Épaule de veau au cidre et aux échalotes

POUR 6 PERSONNES

préparation : 30 mn

cuisson : 1 h 30

1 kg d'épaule de veau coupée en morceaux de 4 x 4 cm
20 belles échalotes
1 oignon
3 pommes granny-smith
1/2 verre de vinaigre de cidre
30 cl de cidre bouché sec
3 cuillères à soupe d'huile
1 cuillère à soupe de crème fraîche
sel, poivre

Dans une cocotte faire revenir de tous les côtés les morceaux de veau jusqu'à ce qu'ils soient bien dorés ; ôter de la cocotte et garder au chaud ; jeter l'huile.
Verser le restant de l'huile et faire blondir sur feu doux l'oignon haché quelques minutes ; replacer les morceaux de veau et verser le vinaigre, laisser évaporer (attention, les vapeurs piquent les yeux).
Ajouter les échalotes épluchées et entières, puis le cidre, saler, poivrer et laisser mijoter à mi-couvert 1h15.
Ajouter la crème fraîche et laisser cuire encore 2 mn.
Laver les pommes, ne pas les éplucher et les couper en fins quartiers ; les faire frire dans une poêle avec de l'huile bien chaude ; égoutter.
Servir le veau avec à part les pommes frites et des pommes de terre vapeur ou des pâtes fraîches.

Conseil :

Le plus long et le plus ennuyeux est d'éplucher les échalotes ; sinon cette recette est très simple et inratable. Philippe préfère cuisiner ce plat la veille et le réchauffer ; dans ce cas, il ne met la crème qu'au dernier moment ; manie de vieux garçon, il déteste la crème réchauffée, qui prend alors un mauvais goût.

Manqué aux poires

POUR 6 PERSONNES

préparation : 20 mn

cuisson : 30 mn

6 poires

2 œufs

150 g de sucre en poudre

12 morceaux de sucre

150 g de beurre

150 g de farine

1 pincée de sel

Faire un caramel avec les morceaux de sucre et un peu d'eau ; quand il est bien doré, le verser dans un moule à manqué et le faire couler pour qu'il en tapisse tous les bords, laisser refroidir.
Éplucher les poires et les couper en quartiers ; les disposer au fond du moule.
Préparer la pâte : mélanger les œufs entiers avec le sucre en poudre et travailler jusqu'à ce que le mélange blanchisse ; ajouter le beurre fondu et le farine, bien mélanger jusqu'à ce que la pâte soit homogène.
Verser sur les poires et faire cuire au four préchauffé th6-180° pendant 25 à 30 mn ; vérifier la cuisson en enfonçant la lame d'un couteau, elle doit ressortir propre.
Démouler aussitôt, sinon le caramel en refroidissant empêchera le démoulage.

Conseil :

Ce gâteau est délicieux servi tiède. Il peut se faire avec des pommes, des abricots, des pêches, des prunes, de l'ananas ou des mangues.

EXCUSE-MOI
J'AI ÉTÉ UN PEU LONG...
FAMEUX
TON
CHIROUBLE
HIC

MICHEL C

Michel est journaliste gastronomique. Ses origines bretonnes lui ont donné la passion de la mer et de tout ce qui se rattache à elle : la voile, les tempêtes, les huîtres, surtout les bretonnes, les ormeaux, les crabes dormeurs, l'oignon rose de Bretagne et l'échalote...
Il ne saurait se passer des vacances dans sa maison de Roscoff.
La Bretagne ne produisant pas des boissons qui lui conviennent, il faut descendre plus au sud pour trouver ce que Michel vénère : les grands bordeaux et le xérès d'Andalousie.
Michel est très calme, très cultivé, il lit beaucoup et écoute du jazz ou de l'opéra en fumant des cigares, une autre de ses passions ; il est actuellement en train d'écrire un livre sur le sujet.
Il assume chez lui la cuisine au quotidien et celle des jours de fête. Marie, sa femme, est fière de lui parce qu'il est un des rares hommes à laisser la cuisine impeccable.

Salade de crabe dormeur

POUR 4 PERSONNES

préparation : 30 mn

cuisson : 30 mn

1 gros crabe de 2 kg
1 belle tomate
2 courgettes fermes
2 cuillères à soupe de vinaigre de vin
5 cuillères à soupe d'huile d'olive
tabasco
sel, poivre

pour le court-bouillon :
1 bouquet garni
1 cuillère à soupe de vinaigre
1 bonne pincée de cayenne
gros sel, poivre

Préparer un court-bouillon très relevé et épicé avec tous les ingrédients ; plonger le crabe et le faire cuire 15 mn ; laisser refroidir.

Détacher les pinces et les pattes, les casser et enlever la chair.

Puis vider le corps et récupérer l'intérieur : avec le dos d'un gros couteau donner des petits coups secs le long de l'arabesque qui ourle la carapace ; vider l'intérieur sans oublier les parties molles.

Préparer l'assaisonnement : faire une vinaigrette classique avec sel, poivre, huile et vinaigre ; ajouter quelques gouttes de tabasco et la tomate pelée, épépinée et coupée en très petits morceaux ; ajouter aussi 1/2 courgette coupée en petits cubes.

Mélanger la chair du crabe avec l'assaisonnement ; disposer la salade dans un plat et entourer de fines rondelles de courgettes crues.

Conseil :

La vinaigrette doit être très relevée pour mettre en valeur la chair douceâtre du crabe.

Thon au curry de tomates

POUR 4 PERSONNES

préparation : 15 mn

cuisson : 30 mn

800 g de thon très frais
800 g de tomates
1 gros bulbe de fenouil
2 grosses échalotes
2 gousses d'ail
1 cuillère à soupe de curry
1/2 cuillère à café de pâte de piment
4 cuillères à soupe d'huile d'olive
persil
sel, poivre

Peler et épépiner les tomates ; émincer le fenouil.
Faire revenir les échalotes et l'ail finement hachés dans l'huile.
Quand ils sont bien fondus, ajouter le curry et le piment, tourner 1 mn puis ajouter les tomates et le fenouil ; laisser mijoter 15 mn.
Pendant ce temps, nettoyer le thon, ôter les arêtes et la peau.
Placer le thon au milieu de la sauce et laisser mijoter 7 à 8 mn.

Conseil :

La pâte de piment s'achète au rayon exotique des supermarchés. En hiver, quand les tomates sont peu « goûteuses », remplacez-les par des tomates en boîte pelées ou, mieux, de la pulpe de tomate crue en boîte également.

Carrelet au gingembre

POUR 2 PERSONNES

préparation : 5 mn

cuisson : 10 mn

1 carrelet d'1 kg

3 échalotes

40 g de gingembre frais

2 cuillères à soupe de baies roses

3 cuillères à soupe d'huile d'olive

50 g de beurre

5 cl de xérès

sel de Guérande

Demander au poissonnier de prélever les quatre filets du carrelet.
Éplucher et émincer finement les échalotes et le gingembre.
Dans une grande poêle, faire revenir dans le mélange de beurre et d'huile les échalotes pendant 3 mn ; ajouter le gingembre, verser le xérès.
Poser les filets de carrelet, parsemer de baies roses, couvrir et laisser cuire 4 mn ; ôter du feu et laisser reposer 2 à 3 mn.
Saupoudrer de gros sel avant de servir.

Conseil :

Le xérès est un vin blanc très sec d'Andalousie qui fait merveille en cuisine. Il est merveilleux à boire à l'apéritif avec des tapas et des fruits de mer. Malheureusement, les Français le boudent ; pour sa défense Michel, avec quelques copains journalistes grands amateurs, a créé le Fino Press Club.

Rognons au cognac

POUR 2 PERSONNES

préparation : 5 mn

cuisson : 10 mn

2 beaux rognons de veau

4 cl de cognac

75 g de beurre

sel, poivre

Couper les rognons en tranches épaisses et les faire sauter dans la moitié du beurre bien chaud ; quand les tranches sont bien dorées d'un seul côté, les retourner, saler, poivrer et laisser dorer de l'autre côté. Hors du feu, verser le cognac et flamber ; ôter les rognons de la poêle, et les poser sur le plat de service préchauffé ; ajouter le restant du beurre, racler le fond de la casserole avec une spatule et verser sur les rognons.
Servir très chaud.

Conseil :

Un bon rognon doit être très frais, sinon il prend une odeur très désagréable.
Le temps de cuisson dépend du degré de cuisson que l'on souhaite ; certains préfèrent les rognons un peu rosés, d'autres carrément plus cuits.

ET MAINTENANT.
LA FARANDOLE
DES DESSERTS...
KAiii
WOLINSKI

JEAN-HUBERT

Propriétaire d'un grand cru classé du Médoc, Jean-Hubert chasse la bécasse avec son copain Bruno ; ils ont chacun leurs recettes pour agrémenter la chair délicate de cet oiseau, si rare que les amateurs parcourent l'Europe pour le trouver.
Ces deux célibataires endurcis passent leurs vacances sur le bassin d'Arcachon et vont pêcher, au large du banc d'Arguin, des poissons qu'ils accommodent selon leur imagination. Comme l'avoue Jean-Hubert : « Nous n'allons jamais au restaurant parce que c'est bien meilleur à la maison. »

Rôti de veau à la Jean-Hubert

POUR 6 PERSONNES

préparation : 10 mn

cuisson : 1 h 15

1 rôti de veau de 1 kg 200
150 g de jambon de Bayonne
2 oignons
2 carottes
1 bouquet garni
1 verre de vin blanc
4 cuillères à soupe d'huile d'olive
sel, poivre

Faire cuire le rôti arrosé de deux cuillères d'huile d'olive, salé et poivré, dans un four à chaleur tournante pendant 1 h (th8-230°).
Pendant ce temps, dans une petite sauteuse, faire rissoler à feu très doux, dans le restant de l'huile d'olive, le jambon coupé en petits morceaux avec les oignons pendant 15 mn ; verser le vin blanc (un Graves un peu tannique sera parfait) et un verre d'eau, ajouter les carottes coupées en rondelles et le bouquet garni, poivrer mais ne pas saler, le jambon l'étant déjà.
Continuer la cuisson à couvert jusqu'à ce que le rôti soit cuit ; ôter le couvercle et laisser réduire la sauce pendant que l'on découpe le rôti.

Conseil :

Il ne faut pas oublier de mélanger à la sauce le jus du rôti qui s'écoule quand on le découpe.

Pintade à la broche

POUR 4 PERSONNES

préparation : 10 mn

cuisson : 45 mn

1 belle pintade fermière

12 gousses d'ail

3 cuillères à soupe de grains de genièvre

1 verre de vin blanc sec

2 cuillères à soupe d'huile

sel, poivre

Mettre dans le ventre de la pintade quatre gousses d'ail épluchées, 1 cuillère de grains de genièvre, sel et poivre ; badigeonner d'huile le corps de la pintade et l'installer sur la broche, saler, poivrer.
Faire rôtir la pintade en faisant tourner la broche après avoir pris soin de disposer dans la lèchefrite le vin blanc, le restant des grains de genièvre et des gousses d'ail ; arroser fréquemment la pintade avec le jus qui s'écoule pendant la cuisson, qui dure 45 mn environ ; vérifier en enfonçant la lame d'un couteau.
Servir la pintade découpée avec son jus, les gousses d'ail confites et accompagnée de pâtes ou de haricots verts.

Conseil :

Avec ce plat Jean-Hubert boit un Léoville Las Cases 85.

Tartines de bécasse

POUR 2 PERSONNES

préparation : 40 mn

cuisson : 20 mn

2 bécasses

2 grandes tranches de pain de campagne

200 g de beurre

2 cuillères à soupe d'huile

1 petit verre de cognac

sel, poivre

Faire cuire les bécasses plumées, non vidées et bridées pendant 10 mn au four préchauffé th9-250°.
Ôter du four et flamber avec le cognac.
Laisser tiédir ; couper les bécasses en deux, désosser, prélever toute la chair et la hacher ; malaxer avec le beurre à température ambiante, saler, poivrer.
Faire légèrement griller les tartines de pain puis étaler par-dessus une couche épaisse de 2 cm environ et faire réchauffer 10 mn au four ; terminer en passant les tartines quelques secondes sous le grill du four pour les faire croustiller.

Conseil :

C'est sublime, encore faut-il savoir chasser les bécasses.

Pibales à la médocaine

POUR 4 PERSONNES

préparation : 10 mn

cuisson : 40 mn

800 g de pibales

3 gousses d'ail

3 cuillères à soupe d'huile d'arachide

2 oignons

2 carottes

2 poireaux

1 bouquet garni

1/2 bouteille de vin blanc sec

sel, poivre

Préparer un court-bouillon avec les oignons, les carottes, les poireaux, le vin, le bouquet garni, sel, poivre et 1 litre d'eau ; laisser cuire 30 mn ; filtrer.
Laver les pibales et les plonger 1 mn dans le court-bouillon très chaud, mais pas brûlant ; égoutter.
Dans une sauteuse, faire cuire 10 mn, à feu très doux, les pibales dans l'huile en ajoutant ail haché, sel, poivre.
Servir bien chaud.

Conseil :

Les pibales, appelées aussi civelles, sont des alevins d'anguilles ; on les trouve de janvier à avril, fraîches ou parfois déjà cuites au court-bouillon.

OUVRE LA BOUCHE ET FERME LES YEUX
ON M'A DÉJÀ FAIT LE COUP...
WOLINSKI

GÉRARD L

Gérard est un artiste à deux casquettes : la sculpture sur métaux et les vitraux.
Sa mère, d'origine landaise, lui a donné le goût des bons plats ; pour Gérard, la vraie cuisine est celle qui mijote dans une marmite au coin du feu ; comme sa femme Catherine, journaliste, est très occupée et n'a pas d'horaires, c'est lui qui a la charge des repas et monte, entre deux soudures, surveiller la marmite.
Gérard aime les grandes tables de copains, d'enfants et de copains d'enfants.

Tourin à la tomate
Bäckeoffe
Cassoulet de seiches

Tourin à la tomate

POUR 6 PERSONNES

préparation : 45 mn

cuisson : 1 h 45

1 kg d'oignons
1 boîte de tomates pelées
1 tête d'ail
150 g de saindoux
1 bouquet garni avec 3 feuilles de laurier
6 œufs
6 tranches de pain de campagne rassis
2 litres de bouillon de volaille
sel, poivre

Commencer par faire un vrai bouillon de volaille en faisant cuire, pendant 2 h, une poule avec os de veau, carottes, oignons, poireaux, céleri, ail, bouquet garni, sel et poivre ; laisser refroidir, dégraisser, filtrer.
Faire réduire la tomate de moitié en la faisant cuire à feu doux à part.
Dans une grande casserole, faire revenir longtemps à feu doux les oignons et l'ail hachés avec le saindoux, jusqu'à ce qu'ils soient fondus, transparents et surtout pas caramélisés ; jeter un verre d'eau froide pour arrêter la cuisson.
Ajouter la tomate, le bouillon, le bouquet garni, saler (peu, le bouillon l'est déjà) et laisser mijoter 1 h 30.
Au moment de servir, hors du feu, dans la soupière préchauffée, mélanger les jaunes d'œuf avec le tourin après avoir ôté le bouquet garni.
Disposer dans chaque assiette une tranche de pain et verser le tourin par-dessus.

Conseil :

Si le temps manque, je suggère que Gérard nous autorise à remplacer le vrai bouillon de poule par du fond de volaille déshydraté dilué dans de l'eau.

Bäckeoffe

POUR 8 - 10 PERSONNES

préparation : 1 h

cuisson : 4 h

1 kg d'échine de porc sans os

1 kg de collier de mouton

1 kg de macreuse de bœuf

1 kg de flanchet de veau

2 kg d'oignons

3 kg de pommes de terre à chair ferme B.F. 15

10 fines tranches de lard

1/2 bouteille de riesling

sel, poivre

1 très grande cocotte en terre

Couper toutes les viandes en morceaux de 4 x 4 cm.
Tapisser le fond de la cocotte de tranches de lard ; par-dessus disposer une couche d'oignons hachés et une couche de pommes de terre coupées en tranches très fines, saler, poivrer et disposer les morceaux de veau.
Recommencer l'opération : oignons, pommes de terre, sel, poivre et viande de bœuf.
Recommencer avec le mouton et terminer par le porc et une couche de pommes de terre, saler, poivrer fortement, verser le riesling, poser le couvercle et souder les bords avec une pâte épaisse faite de farine et d'eau.
Faire cuire pendant 4 h au four th5-150°.

Ouvrir la cocotte à table et servir avec un riesling bien frais.

Conseil :

En Alsace, on portait ce plat le jour de la lessive à cuire dans le four du boulanger ; vous pouvez toujours essayer de le demander au vôtre.
Il est important de suivre l'ordre des viandes dans la cocotte ; le porc étant la viande la plus grasse, elle se répartit dans tout le plat.

Cassoulet de seiches

POUR 6 PERSONNES

préparation : 20 mn

cuisson : 1 h 30

12 blancs de seiche

1 saucisson de Lyon

1 kg de haricots blancs frais

10 tomates

1 verre de cognac

1 bouquet garni

2 piments oiseau

3 cuillères à soupe d'huile d'olive

1 oignon

1 feuille de laurier

sel, poivre

Nettoyer les blancs de seiche et les couper en carrés ; les faire revenir dans l'huile d'olive quelques minutes ; flamber au cognac ; ajouter les tomates pelées et épépinées, les piments oiseau, le bouquet garni, saler, poivrer et laisser mijoter à couvert 1 h.
Pendant ce temps, faire cuire les haricots dans de l'eau froide et salée avec l'oignon et le laurier 20 à 25 mn ; égoutter et remettre dans une cocotte avec le saucisson de Lyon, laisser mijoter 20 mn.
Ajouter les seiches, mélanger et laisser cuire encore 15 mn.
Couper le saucisson en six morceaux avant de servir et goûter pour vérifier l'assaisonnement.

Conseil :

En hiver remplacer les tomates aqueuses et sans goût par une boîte et demie de tomates pelées. Les calmars peuvent remplacer les seiches, la cuisson est deux fois moins longue.

FRANÇOIS C

François est comédien de profession, pongiste, cruciverbiste, amateur de musique contemporaine et ami dévoué.
De sa mère, cuisinière hors pair, il tient le secret des plats élaborés avec sagesse et précision : chez lui, un plat n'est jamais brûlé ou trop salé.
Quand il crée une recette, il l'améliore jusqu'à ce qu'elle confine à la perfection ; sa quiche lorraine lui a valu le surnom de « Herr Quiche ». Loin de s'enfermer dans sa cuisine, il convie au contraire ses amis à assister aux secrets de la fabrication et cuisine, dans un calme olympien, des spécialités belges transmises par sa mère, ou celles qu'il a rapportées d'Italie, comme le risotto et la salade de roquette, à laquelle il voue un véritable culte. C'est là son seul vice, car cet homme, mesuré en tout et soucieux de chacun, perfectionniste au point de fabriquer lui-même ses yaourts au lait cru, sait comme personne confectionner pour ses amies des salades et des potages aériens qui n'engendrent aucun remords.

Quiche lorraine à la mode de François
Haricots à la liégeoise
Porc braisé au citron
Pain de bananes

Quiche lorraine à la mode de François

POUR 6 PERSONNES

préparation : 20 mn

cuisson : 30 mn

200 g de farine
100 g de beurre
3 œufs
125 g de poitrine fumée
20 cl de crème fraîche
1 verre de lait
1 cuillère à soupe rase de sucre
125 g de gruyère entier
sel, poivre

Préparer la pâte : mélanger la farine avec le beurre à température ambiante, ajouter une pincée de sel et un peu d'eau ; travailler rapidement la pâte et laisser reposer 30 mn.
Faire doucement fondre les lardons sans matières grasses dans une poêle à revêtement anti-adhésif.
Étaler la pâte dans un moule à tarte beurré et faire précuire pendant 10 mn à four préchauffé th6-180°.
Pendant ce temps, fouetter les œufs entiers avec le sucre, la crème fraîche et le lait, le sel, (peu : les lardons sont déja salés), et le poivre jusqu'à ce que le mélange soit mousseux.
Découper en lamelles le gruyère et en tapisser le fond de la tarte ; mélanger les lardons avec les œufs et verser sur le fromage ; faire cuire pendant 20 mn au four à th6-180° ; la quiche doit être gonflée et toute dorée.

conseil :

Le truc de François, c'est le sucre qui fait gonfler les œufs, ce qui rend la quiche tres légère ; c'est pourquoi, il ne faut surtout pas dépasser la quantité de sucre : une cuillère à soupe rase.
Quant au fromage, il faut un fromage qui ait du goût : emmental, gruyère, comté, appenzell.

Haricots à la liégeoise

POUR 4 PERSONNES

préparation : 15 mn

cuisson : 10 mn

600 g de haricots verts

2 pommes de terre moyennes

200 g de lardons

4 cuillères à soupe de vinaigre de vin

sel, poivre

Éplucher les haricots verts et les pommes de terre, couper celles-ci en petits cubes.
Faire cuire les 2 légumes à la vapeur (dans tous mes livres, je conseille la cuisson vapeur) 8 à 12 mn selon la grosseur des haricots.
Pendant ce temps, faire fondre et rissoler dans une poêle les lardons jusqu'à ce qu'ils soient croquants, verser le vinaigre et laisser s'évaporer la moitié ; verser sur les haricots-pommes de terre préalablement mis dans un saladier.

Conseil :

Le temps de cuisson des haricots verts dépend de leur grosseur : vérifier à plusieurs reprises, ils doivent rester un peu croquants.
Pour les pommes de terre, choisir une race qui tient à la cuisson, B.F. 15, Belle de Fontenay, Roseval.

Porc braisé au citron

POUR 4 PERSONNES

préparation : 10 mn

cuisson : 45 mn

1 kg 500 d'échine de porc désossée coupée en gros cubes
1 cuillère à soupe de saindoux ou d'huile
2 cuillères à café de cumin en poudre
2 cuillères à café de grains de coriandre
2 citrons
2 dl de vin blanc
2 gousses d'ail
sel, poivre

Dans une cocotte, faire revenir et même « roussir » les dés de porc ; déglacer avec le vin blanc, laisser cuire à feu moyen 4 à 5 mn. Ajouter les épices, le sel et le poivre puis le citron (moi c'est en jus, mais c'est très bien aussi en rondelles ou demi-rondelles).
Laisser cuire 40 mn à feu doux.
C'est encore meilleur réchauffé, le lendemain.

Conseil :

François sert ce plat avec du riz pilaf parce que, dit-il, il manque d'imagination ; des pâtes feront très bien l'affaire ainsi qu'une graine couscous légèrement assaisonnée d'huile d'olive ou de beurre.
Selon ses goûts, on peut ne mettre qu'un seul citron dans la cocotte, la saveur sera plus douce.

Pain de bananes

POUR 6 PERSONNES

préparation : 15 mn

cuisson :1 h à 1 h 15

3 bananes très mûres

125 g de beurre

280 g de farine

70 g de sucre

1 sachet de levure chimique

2 œufs

100 g de cerneaux de noix hachés

1 cuillère à café de jus de citron

5 pincées de sel

Avec un fouet, travailler le beurre avec le sucre ; quand la préparation devient mousseuse, ajouter les œufs battus au fouet et mousseux.
Écraser les bananes avec le jus de citron ; mélanger le tout, puis incorporer la farine, le sel et terminer par les noix.
Verser la préparation dans un moule à cake beurré et faire cuire au four th6-180° pendant 1 h à 1 h 15 ; recouvrir d'une feuille de papier alu ou sulfurisé après 20 mn de cuisson pour éviter que la surface du cake ne noircisse.

Conseil :

C'est plus un cake à manger au petit déjeuner ou avec une tasse de thé qu'un dessert. François ajoute parfois un peu de cannelle, c'est très bon.

COMMENT AIMES-TU LES PÂTES?
AL DENTE!

ÉRIC

A 20 ans Éric travaillait dans un restaurant comme aide-cuisinier, puis il s'est mis à écrire des fictions pour la télé ; mais comme son truc,. c'est la cuisine, il est retourné à ses premières amours et dirige maintenant la rubrique gastronomie d'un grand magazine féminin. A force de parler cuisine, d'essayer de nouvelles recettes et de les photographier, il n'a plus aucune imagination quand il rentre chez lui, et se résout à faire ces deux plats qui lui rappellent son enfance et que lui réclame sa fille Zoé.

Tarticlette
Bananes rôties au chocolat

Tarticlette

POUR 4 PERSONNES

préparation : 15 mn

cuisson : 40 mn

1 kg de pommes de terre B.F. 15

3 cuillères à soupe d'huile d'olive

75 g de beurre

500 g de fromage à raclette

sel, poivre

Faire cuire à la vapeur les pommes de terre avec leur peau ; laisser refroidir.

Avant le repas, les éplucher et les faire sauter dans le mélange beurre-huile, saler, poivrer.

Préchauffer le four th10-270° ; disposer les pommes de terre dans un grand plat (plat), les recouvrir de lamelles de fromage, poivrer à nouveau et faire fondre au four 2 à 3 mn, servir aussitôt accompagné d'une salade de mâche assaisonnée à l'huile d'olive et très peu vinaigrée.

Conseil :

Cette synthèse de la tartiflette et de la raclette est succulente.

Bananes rôties au chocolat

POUR 4 PERSONNES

préparation : 5 mn

cuisson : 15 mn

4 bananes

200 g de chocolat noir

75 g de beurre

75 g de sucre

1 verre de jus d'orange en bouteille

1 larme de lait

Ôter la peau des bananes, les couper en deux dans le sens de la longueur.
Les faire dorer dans une poêle avec le beurre, saupoudrer de sucre, laisser cuire 2 mn, verser le jus d'orange, laisser réduire 2 mn.
Au micro-ondes, faire fondre le chocolat avec le lait, mélanger avec le jus de cuisson des bananes et napper les bananes avant de les servir.
A savourer chaud ou tiède, mais pas froid.

Conseil :

Éric remplace parfois les bananes par des poires.
Le chocolat fond rapidement au micro-ondes ; utiliser de préférence une puissance moyenne.

C'EST TELLEMENT BEAU QUE C'EST DOMMAGE DE LE MANGER !..
Wolinski

BENOÎT F

Benoît est cartographe et porte le patronyme prédestiné de France ; il établit les cartes de France des appellations vinicoles.
Comme il le dit lui-même, alors qu'il n'y avait aucun antécédent familial, ses bonnes fées lui ont donné à la naissance l'amour du vin et le don de gourmandise.
L'art de cuisiner, il l'a appris tout seul dans les livres, mais ce sont les femmes de sa vie qui lui ont donné l'envie de faire des bons petits plats pour les savourer en tête à tête.
Son amour du vin l'a conduit à faire une année d'études à l'université de Suze la Rousse ; maintenant Benoît est conseiller d'un club de vente de vins par correspondance et donne des cours de dégustation.
C'est à la chasse qu'il se détend, ses préférences allant de la bécasse pour le gibier à plumes au chevreuil pour le gibier à poil.

Carpaccio de maquereaux
Civet de sanglier
Gâteau à la crème de lait de ma grand-mère

Carpaccio de maquereaux

POUR 4 PERSONNES

préparation : 10 mn

pas de cuisson

4 maquereaux de

250 g chacun

huile d'olive

fleur de sel

poivre blanc

ciboulette

Demander au poissonnier de lever les filets et d'ôter la peau.
En rentrant chez soi, placer les filets au congélateur pendant 3/4 d'heure environ.
A l'aide d'une trancheuse ou d'un couteau à jambon, couper des tranches aussi fines que possible dans le sens de la longueur.
Poser ces tranches à plat dans chaque assiette, saler, arroser d'huile d'olive et parsemer de ciboulette ciselée ; terminer par deux à trois tours de moulin à poivre blanc.

Servir aussitôt accompagné de tranches de pain grillé et d'un vin Quincy blanc.

Conseil :

Préparé ainsi le maquereau est plus savoureux que le saumon. J'ajoute quelques gouttes de jus de citron.

Civet de sanglier

POUR 6 PERSONNES

préparation : 1 h

cuisson : 3 h

temps de marinade : 3 à 8 jours

1 kg 500 de sanglier

500 g de champignons de Paris

30 oignons grelots

2 oignons

300 g de lardons

15 cl de sang de sanglier (à défaut, de porc)

75 g de beurre

2 cuillères à soupe de farine

sel, poivre

Couper le sanglier en cubes de 25 x 25 cm et les faire mariner au frais entre trois et huit jours ; veiller à ce que la marinade couvre toute la viande.
La veille, égoutter la viande pour qu'elle soit bien sèche ; faire cuire la marinade avec tous ses ingrédients pendant 1 h 30 ; laisser refroidir.
3 h avant le repas, filtrer la marinade au chinois en écrasant légumes et épices.
Dans une cocotte en fonte noire non émaillée, faire revenir, avec 25 g de beurre, les morceaux de sanglier, avec les deux oignons coupés en rondelles, saupoudrer de farine, tourner en faisant rissoler pendant 5 mn sur feu doux.
Verser la moitié de la marinade et laisser mijoter à feu doux pendant 2 h en prenant soin d'ajouter de la marinade quand il n'y a plus assez de sauce.
Ajouter les lardons et les champignons nettoyés, couvrir à moitié pour faire réduire la sauce.
Dans une sauteuse faire cuire les petits oignons grelots dans 50 g de beurre avec un verre d'eau, cuire 15 mn, jeter l'eau s'il en reste et saupoudrer d'1 cuillère de sucre ; laisser dorer et caraméliser 2 mn.
Ôter les morceaux de sanglier, les champignons et les lardons de la cocotte et garder au chaud sur le plat de service ; filtrer la sauce et la fouetter avec le sang, goûter et vérifier l'assaisonnement, ne pas faire bouillir, et recouvrir le sanglier ; disposer par-dessus les petits oignons.
Servir avec des pommes de terre vapeur ou des tagliatelle.

Boire un Châteauneuf-du-Pape rouge, domaine de Beaucastel ou Rayas.

pour la marinade :

1/2 litre de vin blanc

1/2 litre de vin rouge

1 verre de vinaigre

1 verre d'huile d'arachide

1 verre de cognac

1 carotte coupée en rondelles

1 branche de céleri

1 oignon coupé en morceaux

3 échalotes

3 gousses d'ail

1 bouquet garni

3 clous de girofle

2 cuillères à soupe de coriandre en grains

poivre

Conseil :

C'est un vrai plat de mec, c'est superbe et je n'ai aucun commentaire à faire !

Gâteau à la crème de lait de ma grand-mère

POUR 4 PERSONNES

préparation : 15 mn

cuisson : 30 mn

1 tasse de crème fraîche
3/4 de tasse de farine
1/4 de tasse de maïzena
1 tasse de sucre
2 œufs
2 cuillères à soupe de rhum
1 paquet de sucre vanillé
1 pincée de sel
1/2 paquet de levure chimique
muscade

Mélanger la crème avec le sucre ; ajouter la farine, la maïzena, les 2 jaunes d'œuf, le sel, la levure, le rhum et la muscade, bien mélanger le tout.
Incorporer délicatement les blancs battus en neige.
Verser dans un moule beurré et faire cuire à four doux th5-160° pendant 30 mn.

Conseil :

Benoît dit que ce gâteau est encore meilleur si on a une vache sous la main, c'est-à-dire avec une crème de lait vraiment fraîche.

VOUS ALLEZ VOUS RÉGALER. MES COCHONS !
WOLINSKI

PHILIPPE M

Alain, Claude et Philippe possèdent un restaurant non seulement délicieux mais plein de charme, où ils reçoivent avec délicatesse et convivialité.
Pendant la semaine, Claude est en cuisine et prépare des plats raffinés aux petites notes exotiques, à partir de produits dont il surveille lui-même la provenance.
Le week-end, ils partent à la campagne dans leur maison et c'est là que Philippe prend la relève et se met aux fourneaux pour les copains ; n'étant pas professionnel, il invente des plats selon son inspiration ; il adore fouiner aux puces et dans les ventes, à la recherche de tout ce qui touche à la gastronomie et aux arts de la table.
Avec la nouvelle maison sur le port de Marseillan, la cuisine de Philippe prend de nouvelles saveurs méditerranéennes.

Crème de haricots verts
Saumon mariné croustillant
Gâteau à l'ananas confit

Crème de haricots verts

POUR 4 PERSONNES

préparation : 10 mn

cuisson : 15 mn

250 g de haricots verts
1 gousse d'ail
3 feuilles de sauge
1 branche de thym
1 branche de romarin
2 feuilles de laurier
25 g de beurre
12 grains de poivre
sel

Inutile d'éplucher les haricots verts ; les faire cuire dans 1 litre d'eau salée avec l'ail, le poivre et toutes les herbes pendant 15 mn.
Ôter le thym, le romarin et les feuilles de laurier et mixer avec 50 cl de l'eau de cuisson des haricots.
Réchauffer dans la casserole, ajouter le beurre, vérifier l'assaisonnement, fouetter quelques instants avant de servir.

Conseil :

Le mélange des herbes et des haricots donne un goût délicieux à ce potage.
Il est préférable de passer la soupe pour ne pas risquer de trouver des morceaux de bois ou d'herbes qui auraient pu échapper au mixer.

Saumon mariné croustillant

POUR 4 PERSONNES

préparation : 20 mn

cuisson : 5 mn

4 feuilles de riz
4 tranches très fines de saumon frais
1 bulbe de fenouil
4 cuillères à soupe d'huile d'olive
1/2 botte d'aneth
coriandre fraîche
1 cuillère à soupe de coriandre en grains
sel, poivre

La veille, faire mariner dans l'huile avec les grains de coriandre, de poivre, de l'aneth et de la coriandre fraîche.
Le jour même, étaler les feuilles de riz et les humidifier à l'aide d'un torchon mouillé ;
Sur les feuilles de riz, poser une tranche de saumon qui doit être un peu plus petite que la feuille de riz.
Recouvrir de fenouil très finement râpé ; saler, poivrer, ajouter un peu d'aneth.
Rouler les feuilles sur elles- mêmes et les mettre à mariner 1 h minimum au frais.
Les égoutter et les faire dorer dans une poêle anti-adhésive de tous les côtés.
Servir avec une mayonnaise au citron.

Conseil :

On trouve des feuilles de riz au rayon exotique des grandes surfaces et dans les épiceries de produits orientaux.

Gâteau à l'ananas confit

POUR 6 PERSONNES

préparation : 30 mn

cuisson : 1 h 15

3 ananas moyens

3 œufs

150 g de sucre

125 g de beurre

12 morceaux de sucre

1 ou 2 gousses de vanille

Éplucher les ananas, ôter le cœur et couper la chair en morceaux.
Les faire cuire dans une casserole avec le beurre, la vanille et le sucre, ajouter un peu d'eau ; laisser cuire et réduire comme une compote sèche.
Laisser refroidir, ajouter les œufs, mélanger.
Préparer un caramel avec les morceaux de sucre et un peu d'eau et le couler sur les bords et le fond d'un moule à manqué anti-adhésif ; verser la préparation dans le moule, bien tasser le tout.
Faire cuire au four th6-180° pendant 45 mn au bain-marie.
Laisser refroidir, démouler et servir avec une crème anglaise, une crème fouettée, une glace à la vanille ou à la noix de coco.

Conseil :

Vous pouvez remplacer l'ananas frais par de l'ananas en boîte.

JEAN

Jean dirige avec sa femme Béatrice un bureau de relations publiques. Quand Jean était célibataire – il s'est marié assez tard – il a découvert le plaisir de cuisiner ; à partir d'une recette classique qu'il prenait comme point de départ, il créait un nouveau plat totalement différent, et c'était très bon. Maintenant, quand ils reçoivent, c'est Jean qui prend tout en charge, courses et cuisine ; il est très fier de ses trois grands succès qu'il aime beaucoup ; sa soupe de moules est inspirée de celle de sa grand-mère.

Soupe de moules
Saumon aux légumes
Filet de bœuf farci aux foies de volaille

Soupe de moules

POUR 6 PERSONNES

préparation : 30 mn

cuisson : 50 mn

2 kg de moules de Bouchot

1 carotte

1 poireau

2 tomates

1 oignon

1 gousse d'ail

2 verres de vin blanc

25 cl de crème fraîche

4 cuillères à soupe de fumet de poisson

50 g de beurre

persil plat

sel, poivre

Laver et nettoyer les moules et les mettre dans une casserole avec le vin blanc sur feu vif ; secouer de temps en temps jusqu'à ce que toutes les moules soient ouvertes ; laisser refroidir assez pour les ôter de leur coquille ; garder dans le jus de cuisson.
Éplucher et couper en lamelles la carotte et le poireau ; peler et épépiner les tomates et couper en morceaux.
Dans une cocotte, faire revenir l'oignon et l'ail avec le beurre, ajouter carotte, poireau et tomates et laisser mijoter 10 mn ; ajouter le jus des moules et le fumet de poisson dilué dans un litre d'eau, laisser mijoter 30 mn.
Mixer la soupe avec la moitié des moules et la crème, réchauffer et laisser cuire encore 5 mn.
Au moment de servir ajouter le restant des moules et le persil haché.
Servir aussitôt.

Conseil :

Si vous êtes pressé, vous pouvez faire cette soupe avec des moules surgelées ; ce sera encore plus rapide, puisque vous n'aurez pas à les ôter de leur coquille.

Saumon aux légumes

POUR 6 PERSONNES

préparation : 1 h

cuisson : 1 h

1 saumon d'Écosse de 1 kg 800 environ
300 g de haricots verts
300 g de carottes
300 g de céleri rave
2 sachets de court-bouillon
2 bols de mayonnaise
2 citrons
ciboulette
estragon
cerfeuil
sel, poivre

Faire cuire le saumon à feu très doux 20 mn environ dans une poissonnière, avec les sachets de court-bouillon dilués dans la quantité d'eau nécessaire pour que le saumon soit recouvert.
Laisser tiédir et délicatement retirer la peau, ôter l'arête centrale et les arêtes latérales à la pince à épiler ; mettre de côté la tête et la queue.
Concasser les arêtes et la peau et les faire cuire dans le court-bouillon du saumon 20 mn ; filtrer et laisser refroidir.
Éplucher les légumes et couper les carottes et le céleri en bâtonnets gros comme les haricots verts ; faire cuire ces légumes séparément al dente dans de l'eau salée, égoutter et plonger dans l'eau froide.
Mélanger la mayonnaise avec le jus des citrons et incorporer les herbes ciselées.
Poser la moitié du saumon sur le plat de service et étaler de la mayonnaise ; répartir par-dessus une couche de haricots verts, une couche de céleri et une couche de carottes ; recouvrir de mayonnaise et poser l'autre partie du saumon ; remettre la tête et la queue à leur place, décorer le plat avec des feuilles de salade et quelques légumes restants ; napper avec le jus tiède.
Laisser refroidir et servir avec le restant de mayonnaise.

Conseil :

Ne mettez pas ce plat en attente au réfrigérateur, il perdrait en saveur.

Filet de bœuf farci aux foies de volaille

POUR 6 PERSONNES

préparation : 30 mn

cuisson : 25 mn

un filet de bœuf de 1 kg 500

300 g de foies de volaille

150 g de beurre

3 cuillères à soupe de cognac

20 cl de sauce béarnaise

sel, poivre

Nettoyer les foies de volaille et les faire sauter dans 50 g de beurre sur feu vif 3 mn en remuant sans arrêt : les foies doivent être saisis mais pas cuits ; saler, poivrer, ajouter le cognac.
A l'aide d'un couteau pointu, faire des incisions dans le filet et enfoncer un foie ; recoudre ou ficeler la viande pour qu'elle tienne à la cuisson.
Faire griller le filet sur un gril ou dans une poêle en l'arrosant de beurre fondu pendant 20 mn environ, plus si on préfère la viande plus cuite, saler, poivrer.
Servir avec une sauce béarnaise.

Conseil :

Jean pour les repas de fête remplace les foies de volaille par du foie gras cru, c'est encore meilleur.

BRUNO

Bruno est bordelais ; propriétaire, avec son père et son frère, de plusieurs grands crus du Médoc, il est aussi P.D.G. de Lillet, le célèbre apéritif bordelais.
Bruno s'emploie à faire la promotion de ses vins et de son Lillet, et donc voyage beaucoup. Son hobby est la chasse, surtout celle à la bécasse qu'il pratique avec son grand copain Jean-Hubert.
L'autre passion de Bruno est la cuisine, qu'il a commencé à apprendre tout seul dans des livres, lors d'un séjour linguistique aux États-Unis, dans une famille où la bouffe était infâme. Maintenant, il cuisine comme un grand chef avec énormément de talent et de savoir faire ; il prépare les sauces en commençant par faire réduire quatre litres de son grand cru... et c'est vraiment superbe.

Petits croûtons à la tomate confite
Côtes de veau au citron
Soupe de fruits au Lillet rouge
Pêches blanches au Lillet blanc

Petits croûtons à la tomate confite

POUR 4 PERSONNES

préparation : 10 mn

cuisson : 20 mn

1 baguette de pain
25 cl de coulis de tomates
2 échalotes
1 oignon
2 gousses d'ail
2 cuillères à soupe d'huile d'olive
1 cuillère à café de sucre
ciboulette
persil
basilic
sel, poivre

Faire revenir dans l'huile d'olive l'ail, l'oignon et les échalotes finement hachées ; ajouter le coulis de tomates, le sucre, le sel et le poivre.
Laisser mijoter jusqu'à ce que la préparation commence à caraméliser.
Hors du feu, ajouter ciboulette, persil et basilic ciselés.
Étaler la préparation sur des petites tartines de baguette grillées.

Servir à l'apéritif avec du Lillet rouge ou blanc bien frais.

Conseil :

Bruno utilise pour cette recette du coulis cuisiné par sa mère avec les tomates du potager.

Côtes de veau au citron

POUR 4 PERSONNES

préparation : 10 mn

cuisson : 20 mn

4 belles côtes de veau épaisses
2 citrons non traités
1 verre de Lillet blanc
125 g de beurre
2 cuillères à soupe d'huile neutre
sel, poivre

Prélever les zestes des citrons, veiller à ce qu'ils soient fins et ne comportent pas de blanc ; c'est très facile avec un zesteur ; faire blanchir ces zestes 2 mn dans de l'eau bouillante, égoutter.
Dans une poêle, faire saisir à feu vif, dans l'huile et la moitié du beurre, les côtes de veau de chaque côté ; les réserver au chaud.
Verser le Lillet dans la poêle, déglacer en grattant les sucs de cuisson, ajouter les zestes, poser les côtes par-dessus, saler, poivrer et laisser cuire 15 mn en les retournant une fois.
Ôter les côtes du feu, ajouter le restant du beurre, verser sur les côtes.
Servir avec une salade verte.

Conseil :

Si on est pressé, éviter de blanchir les zestes.
On peut remplacer les côtes par des escalopes de veau ou des blancs de volaille.
Pour un plat plus consistant, remplacer la salade par des pâtes ou du riz Basmati.

Soupe de fruits au Lillet rouge

POUR 6 PERSONNES

Préparation : 20 mn

cuisson : 30 s

1 melon

3 pêches blanches

3 pêches jaunes

200 g de fraises des bois

200 g de framboises

200 g de myrtilles

3/4 de bouteille de Lillet rouge

Peler les pêches en les plongeant 30 secondes dans de l'eau bouillante et les couper en quartiers.
Couper le melon en deux, ôter les graines et à l'aide d'une cuillère à melon prélever des petites boules dans la chair.
Dans une coupe en verre, disposer délicatement tous les fruits ; arroser avec le Lillet et mettre au réfrigérateur 1 h avant de servir.

Conseil :

Le Lillet se boit à l'apéritif ; des écorces d'orange et des épices sont macérées dans du vin rouge ou blanc, puis ces vins, après avoir été filtrés, sont vieillis dans des fûts de chêne comme des grands vins.

Pêches blanches au Lillet blanc

POUR 6 PERSONNES

préparation : 15 mn

cuisson : 20 à 30 mn

9 belles pêches blanches mûres à point

1 clou de girofle

3 branches de verveine fraîche

1 bouteille de Lillet blanc

poivre

Peler les pêches en les plongeant 30 secondes dans de l'eau bouillante.
Les disposer délicatement dans une casserole, verser le Lillet, ajouter la verveine et le clou de girofle ; laisser frémir 20 mn.
Ôter les pêches, les disposer dans une coupe et laisser réduire le jus de cuisson de moitié ; verser sur les pêches, refroidir et mettre à rafraîchir 2 h environ avant de servir.

Conseil :

A défaut de verveine fraîche, utiliser de la verveine séchée que l'on trouve au rayon des tisanes et infusions.

TOUT EST DANS LE COUP DE MAIN !
WOLINSKI

GÉRARD S

Gérard passe son temps entre l'Autriche et la France ; il fait fabriquer de la verrerie pour les industriels français.
Quoique célibataire endurci, Gérard reçoit souvent ses amis ; si en rentrant chez lui, il lui arrive fréquemment, faute de temps, de s'arrêter chez un traiteur, il cuisine à merveille les quelques plats qu'il aimait enfant et dont sa mère lui a transmis les recettes.

Cochinchinoise
Visitandine

Cochinchinoise

POUR 6 PERSONNES

préparation : 30 mn

cuisson : 1 h

8 aubergines moyennes
5 oignons moyens
2 kg de tomates
3 cuillères à soupe de farine
75 g de beurre
40 cl de lait
75 g de fromage râpé
6 cuillères à soupe d'huile d'olive
herbes de Provence
sel, poivre

Peler et épépiner les tomates.
Éplucher les aubergines, les couper en tranches de 1 cm d'épaisseur dans le sens de la longueur ; les faire dorer de chaque côté avec 4 cuillères d'huile d'olive, saler et les faire égoutter sur du papier absorbant.
Pendant ce temps, faire revenir les oignons épluchés et hachés dans le restant de l'huile ; ajouter les tomates coupées en morceaux, les herbes de Provence, sel, poivre ; laisser mijoter et réduire jusqu'à consistance d'un coulis épais.
Préparer une béchamel avec le beurre, la farine, le lait, sel et poivre.
Dans un plat à gratin huilé, disposer une couche d'aubergines, une couche de coulis et une couche de béchamel ; recommencer l'opération une deuxième fois ; recouvrir de fromage râpé.
Faire cuire au four préchauffé th7-210° pendant 30 mn jusqu'à ce que le plat soit bien doré et gratiné.

Conseil :

Moi, j'aime conserver la peau des aubergines, pour la couleur et parce que c'est plus rapide.

Visitandine

POUR 6 PERSONNES

préparation : 15 mn

cuisson : 30 mn

125 g de farine

125 g de beurre

250 g de sucre

100 g d'amandes en poudre

5 blancs d'œuf

le zeste d'1/2 citron

1 pincée de sel

Battre les blancs en neige avec une pincée de sel ; puis incorporer peu à peu le sucre, la farine et les amandes en poudre ; quand la préparation est bien homogène, incorporer enfin le beurre mou et les zestes de citron.
Verser la préparation dans un moule beurré et cuire à four préchauffé th5-160° pendant 30 mn environ ; vérifier la cuisson en enfonçant la lame d'un couteau, elle doit ressortir propre.

Conseil :

Délicieux gâteau à déguster tiède au goûter, avec une tasse de thé Earl Grey ou Lapsang Souchong.

MES CHÉRIES
UN PEU DE PATIENCE
ET VOUS ALLEZ
VOUS POURLÉCHER
LES BABINES...

PETER

Peter est photographe, spécialisé dans la nature morte ; les sublimes photos de bijoux, de produits de beauté et de cuisine qui nous font saliver, il en est souvent l'auteur.
D'origine allemande, il est venu s'installer en France il y a dix ans pour être au cœur de la gastronomie ; trois passions occupent sa vie : la tauromachie – il fait de magnifiques photos qu'il expose entre autres à Arles –, le vin – il est imbattable pour reconnaître les crus et les millésimes – et les pâtes. Contraint de surveiller son cholestérol, il s'est mis au régime mais craque régulièrement pour un plat de pâtes qu'il mitonne lui-même .
Trop occupé à Paris pour cuisiner, c'est dans sa maison proche d'Uzès, ouverte à ses nombreux amis, qu'il invente des plats inspirés des cuisines internationales ; c'est réussi, excellent et toujours accompagné de très grands vins.

Salade aux herbes aromatiques
Galette de brandade de morue
Tagliatelle aux oignons doux
Émincé de bœuf mariné aux brocoli al dente
Pêches aux Banyuls

Salade aux herbes aromatiques

POUR 4 PERSONNES

préparation : 15 mn

pas de cuisson

100 g de roquette
100 g de cresson
100 g d'épinards
7 gros champignons de Paris
100 g de parmesan
1 bouquet de basilic
5 branches de persil plat
5 branches de cerfeuil
1 bouquet de ciboulette
1/2 bouquet de coriandre
1 cuillère à soupe de vinaigre balsamique
2 cuillères à soupe d'huile d'olive
sel, poivre

Laver les salades, laisser les feuilles entières ainsi que celles de basilic, cerfeuil, persil et coriandre, ciseler la ciboulette.
Couper le parmesan en copeaux à l'aide d'un couteau économe.
Émincer très finement les champignons.
Préparer l'assaisonnement.
Juste avant de servir, mélanger le tout et parsemer de copeaux de parmesan.

Conseil :

Vous pouvez à volonté varier, selon le marché ou la saison, le mélange d'herbes et de salades.

Galette de brandade de morue

POUR 4 PERSONNES

préparation : 30 mn

cuisson : 30 mn

1 kg de pommes de terre B.F. 15
1 kg de morue salée
5 échalotes
1 tête d'ail du Gard
2 jaunes d'œuf
1/4 de litre de lait
20 cl d'huile d'olive
sel, poivre

Faire dessaler la morue pendant 24 h en changeant l'eau froide à quatre ou cinq reprises.
Cuire les pommes de terre dans de l'eau 10 mn, égoutter puis les éplucher et les râper.
Cuire la morue 6 mn dans de l'eau, égoutter, laisser refroidir et effilocher.
La passer ensuite au presse-purée (grosse grille) pour obtenir une mousse.
Mélanger les pommes de terre râpées avec la morue, ajouter les échalotes et l'ail finement hachés et revenus dans un peu d'huile d'olive ; puis les jaunes d'œuf, le lait et l'huile d'olive ; mélanger longtemps jusqu'à ce que la préparation soit onctueuse.
Verser la préparation dans une poêle anti-adhésive et faire cuire à feu doux 10 mn de chaque côté en la couvrant ; pour retourner la galette, la glisser délicatement sur une assiette assez grande, poser par-dessus une autre assiette, retourner et faire glisser à nouveau dans la poêle dans laquelle on a remis un peu d'huile.

Conseil :

Servir avec une salade verte. Goûter la morue après qu'elle soit cuite pour saler les pommes de terre en conséquence : parfois la morue est trop dessalée.

Tagliatelle aux oignons doux

POUR 4 PERSONNES

préparation : 10 mn

cuisson : 20 mn

500 g de tagliatelle

5 gros oignons doux

4 gousses d'ail

4 cuillères à soupe d'huile d'olive

1 brin de romarin

4 feuilles de sauge

sel, poivre

Éplucher et hacher l'ail et les oignons et les faire revenir dans l'huile d'olive à feu doux avec la sauge et le romarin, jusqu'à ce qu'il soit confit.
Faire cuire les tagliatelle dans une grande quantité d'eau bouillante et salée selon le temps de cuisson indiqué ; égoutter.
Ôter le romarin et la sauge cuite et remplacer par de la sauge fraîche, mélanger avec les tagliatelle.
Servir aussitôt.

Conseil :

Peter adore faire lui-même des pâtes fraîches quand il en a le temps, c'est son plat préféré ; sa recette : il mélange 3 tasses de farine avec 3 œufs, 2 cuillères à soupe d'huile d'olive et 2 cuillères à café de sel.

Émincé de bœuf mariné aux brocoli al dente

POUR 4 PERSONNES

préparation : 10 mn

cuisson : 4 mn

temps de marinade : 2 h

800 g de filet de bœuf

3 prunes japonaises

1 tête de brocoli

3 dl de vin rouge

1 cuillère à soupe de moutarde au citron

1 cuillère à café de sauce soja

1 cuillère à café d'huile de truffe blanche

1 noix de gingembre

1 cuillère à soupe de baies roses

1 bouquet de coriandre

sel, poivre

Émincer finement le bœuf, les prunes ; râper le gingembre, mélanger avec la moutarde, le vin, l'huile de truffe, le soja, les baies roses et la coriandre ciselée et faire mariner pendant 2 h.

Faire cuire le brocoli découpé en petits bouquets, 4 mn dans de l'eau bouillante et salée, égoutter et garder au chaud.

Juste avant de servir, faire revenir à feu vif la viande égouttée dans un peu d'huile d'arachide, 2 mn .

Servir aussitôt avec le brocoli.

Conseil :

Les prunes japonaises appelées « umeboshi » se trouvent en conserve, dans les épiceries japonaises et les magasins de diététique.

Pêches au Banyuls

POUR 4 PERSONNES

préparation : 10 mn

cuisson : 10 mn

1 kg de pêches jaunes
2 dl de Banyuls
50 g de poudre d'amandes
100 g de sucre

Éplucher les pêches après les avoir trempées quinze secondes dans de l'eau bouillante ; ôter les noyaux et les couper en tranches.
Les faire cuire ou plutôt fondre dans une casserole sur feu doux avec le sucre, ajouter le Banyuls.
Laisser refroidir, mettre au frais et saupoudrer de poudre d'amandes avant de servir.

Conseil :

Le Banyuls est un vin entièrement naturel, vieilli en fûts exposés au soleil.

JACQUES P

Jacques est éditeur de livres d'art. C'est à Belle-Ile, où il passe ses vacances, qu'il cuisine et crée des recettes.
Un jour, il avait envie de sushi, et c'est ainsi qu'il a créé les sushi bretons avec les produits du terroir. Il adore les alliances mer-terre et poisson-viande. La maison étant toujours pleine de copains et d'enfants, il adore inventer de grands plats à rallonge.

Sushi bretons

POUR 4 PERSONNES

préparation : 15 mn

pas de cuisson

400 g de filet de saumon cru
1 betterave rouge cuite
2 carottes
1 pot de raifort
4 grandes galettes de sarrasin

Découper le saumon en tranches très fines.
Râper les carottes et la betterave après les avoir épluchées et assaisonner séparément avec plus ou moins de raifort selon son goût.
Étaler sur deux galettes des tranches de saumon, recouvrir de carottes, rouler et découper en tronçons de 3 à 4 cm.
Faire la même opération avec les deux autres galettes et la betterave.
Servir en entrée ou à l'apéritif.

Conseil :

Je trouve les sushi de Jacques très bons mais je les sers avec de la crème fraîche légèrement citronnée.

Maquereaux aux groseilles

POUR 4 PERSONNES

préparation : 5 mn

cuisson : 10 mn

8 filets de maquereaux moyens

16 fines tranches de poitrine fumée

300 g de groseilles à maquereaux

1/2 verre de vinaigre de cidre

2 cuillères à soupe d'huile

poivre

Entourer chaque filet de maquereau de deux tranches de poitrine fumée, comme un sandwich.

Faire cuire les filets dans une grande poêle avec l'huile en les retournant.

Quand la poitrine est dorée, les maquereaux sont cuits, poivrer.

Ôter du feu et garder au chaud.

Verser le vinaigre dans la poêle, ajouter les groseilles coupées en deux et laisser mijoter 3 mn ; verser sur les maquereaux et servir aussitôt.

Conseil :

Jacques a constaté que la saison des groseilles à maquereaux correspondait à la meilleure saison pour les maquereaux, c'est à dire l'été. Hors saison, il fait quand même cette recette mais en remplaçant les groseilles à maquereaux par des gros grains de raisins frais.

Ragoût de porc aux crustacés et aux mollusques

POUR 8 PERSONNES

préparation : 1 h

cuisson : 1 h

1 kg d'échine de porc
1 kg de carottes
1 kg 500 de pommes de terre
1 kg de palourdes
1 kg de coques
300 g de grosses crevettes décortiquées
500 g de pétoncles
1 kg d'amandes de mer

Découper l'échine de porc en cubes de 3 x 3 cm ; les faire revenir dans une grande cocotte avec la moitié de l'huile d'olive, le laurier, l'ail et les oignons hachés et laisser cuire 15 mn ; ajouter les crevettes et cuire encore 5 mn en mélangeant bien le tout ; ôter la viande et les crevettes et garder au chaud ; laisser le jus de cuisson dans la cocotte.
Éplucher les pommes de terre et les carottes et couper en cubes plus petits que le porc et les faire cuire dans la cocotte en ajoutant le restant de l'huile d'olive et le thym ; saler, poivrer et cuire 15 mn jusqu'à ce que les légumes soient cuits ; ôter les légumes et garder au chaud avec le porc et les crevettes.
Pendant que cuisent légumes et porc, nettoyer les coquillages ; laver les coques à grande eau pour éviter qu'elles ne gardent du sable.
Mettre dans la cocotte le curcuma et la tomate et laisser réduire cette sauce 20 mn en remuant de temps en temps ; ajouter les coquillages et, au fur et à mesure qu'ils s'ouvrent, ôter les coquilles.
Remettre la viande et les crevettes et laisser mijoter le tout ensemble 10 mn ; ajouter enfin les légumes, mélanger délicatement et laisser mijoter 5 mn.
Servir dans la cocotte.

1 boîte de tomates pelées
1 cuillère à soupe de curcuma
4 cuillères à soupe d'huile d'olive
3 oignons
4 gousses d'ail
thym, 1 feuille de laurier
sel, poivre

Conseil :

Jacques prépare ce plat pour les grandes tablées : tout le monde adore, surtout les ados. Ce ragoût est très économique : Jacques achète les coquillages bon marché ; on peut évidemment ajouter d'autres coquillages ou supprimer certains selon ce que l'on trouve au marché.
Parfois, si au dernier moment de nouveaux copains débarquent, Jacques ajoute 500 g de macaroni qu'il fait mi-cuire à l'eau avant de les mettre en même temps que les pommes de terre et les carottes, c'est très bon.

LA RECETTE DE CE PLAT N'A PAS DE NOM...
C'EST UN SECRET DE FAMILLE...
...QUI SE TRANSMET DE PÈRE EN FILS.

JACQUES D

Jacques réhabilite les beaux lieux anciens. C'est ainsi qu'il a apporté le plus grand soin à la rénovation, pour son usage personnel, d'un mas perdu au milieu des vignes, au pied du Ventoux.
Jacques aime tellement l'huile d'olive qu'il a arraché une partie de son vignoble pour planter des oliviers et faire son huile.
Faire la cuisine, c'est pour lui une occasion d'échanges et de complicité avec les femmes dont il apprécie particulièrement la compagnie ; peu de recettes à son registre, mais il est intarissable sur tout ce qui concerne la gastronomie.

Salade de tomates à la féta
Côte de bœuf à la carombaise

Salade de tomates à la féta

POUR 4 PERSONNES

préparation : 30 mn

cuisson : 30 s

8 belles tomates en grappe

300 g de féta

12 filets d'anchois à l'huile

3 cuillères à soupe de câpres

20 olives noires

6 cuillères à soupe d'huile d'olive

fleur de thym

basilic

sel, poivre

Plonger les tomates 30 secondes dans l'eau bouillante puis dans l'eau froide ; ôter la peau.
A l'aide d'un couteau pointu, ôter le tubercule, presser doucement la tomate pour enlever un peu de son eau ; couper les tomates en tranches très épaisses (1 cm environ, ainsi elles ont plus de goût), et les disposer dans un grand et beau plat.
Couper la féta en lamelles d'1/2 cm et poser une lamelle sur chaque tranche de tomate.
Parsemer de fleur de thym, poivrer, ne pas saler : la féta, les anchois et les olives s'en chargent.
Disposer par-dessus les filets d'anchois rincés à l'eau, les câpres et le basilic ciselé ; terminer par les olives et arroser largement la salade d'huile d'olive.

Conseil :

Jacques utilise de l'huile d'olive de Beaumes-de-Venise ; les olives viennent de Nyons, les tomates de Provence. Avec ce plat, il sert des fougasses aux olives et aux anchois et un vin blanc très particulier : un muscat sec, le Doré du domaine du Fenouillet, à Beaumes-de-Venise.

Côte de bœuf à la carombaise

POUR 4 PERSONNES

préparation : 5 mn

cuisson : 20 mn

1 belle côte de bœuf
très épaisse
de 1 kg 500
6 cuillères à soupe
de moutarde forte
de Dijon
2 cuillères à soupe
d'herbes de
Provence
100 g de beurre
sel, poivre
1 plat en pyrex

Préchauffer le four au maximum th10-270°.
Disposer quelques noix de beurre au fond du plat, poser la côte de bœuf ; la recouvrir avec la moitié de la moutarde, parsemer d'herbes de Provence.
Faire cuire 10 mn, ôter du four, retourner la côte, la recouvrir du restant de la moutarde et des herbes ; saler, poivrer et parsemer le restant du beurre en noisettes.
Faire cuire à nouveau 10 mn.
Ôter la côte du plat, la découper en tranches, garder au chaud ; déglacer le fond du plat en versant un peu d'eau et en grattant les sucs de cuisson afin d'obtenir un bon jus.

Conseil :

Jacques sert avec ce plat des pommes de terre cuites au four (avant la côte) et une salade verte assaisonnée à l'huile d'olive et au vinaigre de vin.
Il sert un vin rouge : Côtes-du-Ventoux 93 de Chaumard à Caromb.

VOUS AURIEZ DÛ ME DIRE QUE VOUS ÊTES VÉGÉTARIENNE!

CHRISTIAN

Christian est un œnologue distingué : passionné de cuisine, il a même tenu un restaurant pendant quelque temps. Maintenant, il se consacre aux vins : journaliste et professeur de dégustation, il reconnaît à l'aveugle les millésimes, les appellations, et n'a pas son pareil pour décrire tous les arômes qu'il découvre dans les vins : truffe, violette, poivron vert, fleurs blanches, brioche et pain grillé, pour les meilleurs, mais parfois… serpillière, ce qui n'est pas bon signe ; le plus délicat étant de savoir faire la différence dans les arômes entre gibier à poil et gibier à plume.
Maintenant, il ne cuisine plus que pour sa femme, ses petites filles et ses copains.
Il ne cesse d'inventer des recettes, souvent très raffinées, en fonction des vins qu'il aime, pour réussir l'équilibre et l'accord parfait entre les saveurs du plat et celles du vin.

Tagliatelle au foie gras
Filets de turbot au jus et au Meursault
Roquefort aux figues

Tagliatelle au foie gras

POUR 6 PERSONNES

préparation : 10 mn

cuisson : 5 à 10 mn

400 g de foie gras de canard cru (1 lobe)

600 g de tagliatelle

sel, poivre

Le jeu consiste à cuire le foie gras par la seule chaleur des pâtes. C'est extrêmement simple, et délicieux ; le foie peut se préparer bien longtemps à l'avance.

Dénerver le foie grossièrement, c'est à dire ôter le gros nerf central ; gratter la tache verte du fiel.

Tailler de grosses allumettes dans le sens de la longueur et les disposer sur un plat, saler et poivrer généreusement ; si le foie est préparé très à l'avance, le garder au réfrigérateur, mais ne pas oublier de le sortir au moins 15 mn avant la préparation.

Faire cuire les pâtes dans beaucoup d'eau bouillante et salée selon le temps de cuisson indiqué ; égoutter les pâtes en versant l'eau de cuisson dans le plat de service, le meilleur moyen de le préchauffer.

Égoutter les pâtes, les verser dans le plat essuyé, ajouter les allumettes de foie gras, mélanger et servir aussitôt. Le foie commence à fondre, les arômes se dégagent. c'est sublime ! Ce plat refroidissant assez vite, le poser sur un chauffe plat et chauffer les assiettes.

Sur ce plat, Christian sert un Sauternes ou un rouge un peu tannique, un Saint-Julien.

Conseil :

Selon le nombre de convives, acheter un foie entier ou seulement un lobe et conserver l'autre au congélateur ; le foie gras se congèle parfaitement.

Les jours de fête, Christian ajoute une truffe pelée coupée en allumettes aussi fines que possible et la met dans les pâtes en même temps que le foie gras.

Filets de turbot au jus et au Meursault

POUR 4 PERSONNES

préparation : 10 mn

cuisson : 6 mn

4 filets de turbot de 150 g
15 cl de jus de cuisson d'un poulet
1 échalote
150 g de beurre doux
50 g de beurre salé
1 verre de Meursault
1 feuille de laurier
sel, poivre

Amandes concassées

Récupérer le jus de cuisson d'un poulet rôti au four en déglaçant avec de l'eau ; bien gratter et racler avec une fourchette pour décoller les sucs et les faire fondre, Recouvert de son gras qui va monter à la surface, ce jus de poulet va se garder au réfrigérateur 10 jours au moins. A défaut, utiliser un fond de volaille lyophilisé : faire revenir un oignon haché dans 150 g de beurre (si possible clarifié), puis ajouter 2 cuillères à soupe de fond de volaille et 2 verres d'eau bouillante ; laisser réduire de moitié.

Beurrer un plat à four, verser un verre de Meursault, un verre de jus de poulet sans le gras, 2 cuillères à soupe d'eau, ajouter une échalote finement hachée et 1 feuille de laurier ; disposer les filets de turbot, une noisette de beurre sur chaque et saupoudrer avec les amandes concassées.

Faire cuire au four préchauffé th8-240° pendant 5 à 6 mn selon l'épaisseur des filets.

Pendant ce temps, faire réduire légèrement le restant du jus de poulet dans une petite casserole ; quand les filets sont cuits, dresser dans le plat de service préchauffé, verser le jus de cuisson dans la casserole et en fouettant incorporer 150 g de beurre.

Sauce

Servir avec un peu de vraie purée de pommes de terre, écrasée au pilon, au beurre salé, sans lait ni crème. Comme les enfants, on mêle le jus avec la purée, c'est fameux !

Avec ce plat, Christian sert un Meursault assez puissant pour résister au beurre.

Conseil :

Christian ne cuisine ce plat que pour deux à quatre personnes, parce qu'il faut en même temps faire la purée – elle ne se réchauffe pas –, monter le jus au beurre, cuire le turbot et servir le tout bien chaud. Néanmoins, il aime ce plat parce que c'est un des préférés de Bernadette, sa femme, et que c'est beau à regarder ; le jus brun tranche sur le blanc du turbot et le jaune d'or de la purée. C'est simple et sophistiqué à la fois.

Roquefort aux figues

POUR 6 PERSONNES

préparation : 20 mn

temps de macération : 24 h

300 g de roquefort

100 g de beurre

6 figues sèches

25 cl de Banyuls

Faire tremper les figues sèches 12 à 24 h dans le Banyuls.
Écraser à la fourchette le beurre avec le roquefort et mélanger avec les figues finement hachées ; mélanger et ajouter du Banyuls pour détendre la préparation, elle doit avoir la consistance d'une pâte à tartiner ; tasser dans un bol et mettre au réfrigérateur quelques heures.
Sortir du réfrigérateur au moins 2 h à l'avance pour que ce ne soit pas dur.
Servir avec un bon pain de campagne grillé ou le fameux et délicieux pain aux noisettes de Poujouran.

Un Banyuls Terra Vigna grand cru s'impose ; on peut garder le même sur un dessert au chocolat.

Conseil :

Cette préparation remplace le plateau de fromages ou s'y ajoute ; elle est trop forte pour faire des toasts à l'apéritif.

ALLO... ALLO MAMAN... LES ŒUFS À LA COQUE C'EST COMBIEN DE MINUTES ? 15 OU 20 ?
AUJOURD'HUI C'EST PAPA QUI FAIT LA CUISINE.

JÉRÔME

Directeur de création dans une agence de publicité, Jérôme a deux passions, la lecture et la cuisine.
En sortant de son agence, quoi qu'il arrive, il part sur son vélo faire son marché pour le repas du soir. Son imagination est débordante pour créer des nouveaux plats qu'il ne cuisine que deux ou trois fois : ensuite, cela ne l'intéresse plus. Manuelle, sa femme, avoue ne plus jamais mettre les pieds dans la cuisine ; et pourtant, il prétend que c'est une excellente cuisinière !
A l'apéritif, Jérôme sert du foie gras de canard tartiné sur des rondelles de radis noir et recouvert de deux à trois tours de poivre du moulin, accompagné de Muscat de Beaumes-de-Venise, domaine Durban.

Saint-Jacques marinées sauce corail
Filet mignon de porc aux mangues
Pain d'épices perdu aux poires

Saint-Jacques marinées sauce corail

POUR 4 PERSONNES

préparation : 20 mn

pas de cuisson

16 coquilles Saint-Jacques

1 citron

25 cl d'huile d'olive

2 cuillères à soupe poivre rose

sel,

poivre du moulin

Décoquiller, ébarber et laver les coquilles à grande eau ; il ne doit rester aucun grain de sable ; bien sécher avec du papier absorbant ; mettre les coraux de côté ; émincer les noix en deux.
Faire une sauce avec sel, un peu de jus de citron et 3 cuillères à soupe d'huile d'olive ; éviter dès le début de mettre trop de jus de citron, on peut toujours en ajouter après, quand les noix sont assaisonnées.
Disposer les noix dans une terrine et verser l'assaisonnement, parsemer de poivre rose, laisser mariner 1 h.
Mixer les coraux, ajouter un peu de jus de citron, le restant de l'huile d'olive, saler, poivrer ; la sauce doit monter comme une mayonnaise ; quand la sauce est bien ferme, arrêter de mixer ; goûter pour vérifier l'assaisonnement.
Au moment de servir, disposer dans chaque assiette en rosace les Saint-Jacques avec un peu de sauce ; au milieu poser une cuillère de sauce au corail.

Jérôme boit un Pouilly-Fumé de Ladoucette.

Conseil :

Pour être mangées crues, les Saint-Jacques doivent être très fraîches ; il faut absolument les acheter dans leur coquille, c'est très facile de les ouvrir et de les nettoyer ; si vous devez les manger dans les deux heures qui suivent l'achat, vous pouvez alors demander au poissonnier de les nettoyer. En aucun cas, on ne peut réaliser cette recette avec des Saint-Jacques surgelées.

Filet mignon de porc aux mangues

POUR 4 PERSONNES

préparation : 20 mn

cuisson : 30 mn

2 filets mignons de porc
1 noix de gingembre frais
3 cuillères à soupe de vinaigre de xérès
1 paquet de mangues en tranches surgelées
750 g de carottes
25 cl de crème liquide
2 cuillères à soupe d'huile
50 g de beurre
1 boîte de lait de coco
1 cuillère à soupe de curry de Madras
sel, poivre

Commencer par préparer un curry de carottes : éplucher et couper les carottes en rondelles ; les faire cuire dans une casserole avec la crème liquide, sel, poivre, 20 mn ; ajouter ensuite le curry et le lait de coco et laisser cuire encore 15 mn environ jusqu'à ce que les carottes soient confites ; garder au chaud.
Dans une sauteuse, faire revenir dans un mélange de beurre et d'huile les filets mignons et les faire dorer de tous les cotés ; ajouter le gingembre épluché et râpé, sel, poivre, verser le vinaigre et laisser mijoter à couvert 10 mn.
Ôter du feu et garder les mignons au chaud ; mettre les mangues dégelées dans la sauteuse et les faire réchauffer en les laissant se caraméliser.
Découper les mignons en tranches et servir avec les mangues et le curry de carottes.

Vin : un Sancerre rouge

Conseil :

On trouve du lait de coco dans les épiceries exotiques ; à défaut, on le remplace par 25 cl de lait bouillant dans lequel on fait infuser, pendant 15 mn, 1 sachet de 125 g de noix de coco râpée que l'on filtre ensuite.

Pain d'épices perdu aux poires

POUR 6 PERSONNES

préparation : 15 mn

cuisson : 1 h

12 tranches de pain d'épices

6 poires comice

125 g de beurre salé

150 g de cassonade belge

12,5 cl de crème liquide (1 brique)

1 bon verre d'eau-de-vie de poire

Beurrer les tranches de pain d'épices de beurre salé et les poser côté beurré dans un plat à four.
D'autre part éplucher les poires et les couper chacune en quatre quartiers ; les faire rissoler dans une sauteuse avec le restant du beurre salé, saupoudrer largement de sucre pour les faire caraméliser ; disposer les poires sur le pain d'épices.
Fouetter la crème avec le restant du sucre et l'alcool de poire et arroser la préparation ; faire cuire pendant 30 mn à four chaud th6-180° ; augmenter au besoin la température en fin de cuisson pour que ce soit bien confit et caramélisé ; la cuisson peut être encore plus longue : Jérôme aime ce dessert quand il est « patouilleux » ; éteindre le four et laisser reposer jusqu'au moment de servir.
Servir tiède.

Jérôme boit de l'eau !

Conseil :

C'est sublime ! Il faut que les poires ne soient pas trop mûres, et le pain d'épices de bonne qualité. Jérôme aime le pain d'épices belge.

REINOLD

Reinold, autrichien, vit en France depuis l'âge de vingt ans ; d'abord créateur de flacons – superbes – pour la parfumerie, il développe à présent ses activités dans la distribution mondiale de cosmétiques. Reinold est gourmet et n'aime que les très bons vins ; ancien champion de ski, il passe beaucoup de temps en hiver dans son chalet de Méribel ; après une bonne journée sur les pistes, il adore cuisiner pour sa famille et ses copains les authentiques plats de son enfance.

Kässpätzle (spätzle au fromage)
Wienerschnitzel (escalopes viennoises)
Goulasch à la polenta

kässpätzle (spätzle au fromage)

POUR 6 PERSONNES

préparation : 20 mn

cuisson : 30 mn

500 g de farine fluide

5 œufs

25 cl de lait

eau gazeuse

3 oignons

300 g de fromage râpé (beaufort, fribourg)

sel

Dans un grand saladier, mélanger la farine avec les œufs entiers, ajouter 2 cuillères à café de sel puis incorporer le lait et compléter par de l'eau gazeuse jusqu'à ce que la pâte soit comme une pâte à crêpe épaisse ; mélanger jusqu'à ce que la pâte soit bien lisse.

Préparer un plat à four, le beurrer et étaler une couche de fromage râpé.

Dans une grande casserole, verser de l'eau aux 2/3 et porter à ébullition, saler ; verser la pâte dans un appareil spécial et laisser tomber les spätzle dans l'eau bouillante ; dès que l'appareil est vide, 20 secondes après la reprise de l'ébullition, ôter les spätzle avec une écumoire et déposer dans le plat à four .

Alterner couches de fromage et couches de spätzle ; garder le plat à four tiède pour éviter que les spätzle ne refroidissent.

Faire revenir à feu doux dans le mélange de beurre et d'huile les oignons émincés jusqu'à ce qu'ils soient bien dorés, mais pas brûlés ; étaler sur les spätzle, parsemer de noix de beurre et faire cuire au four moyen th6-180° pendant 15 mn.

Conseil :

L'eau gazeuse est importante, elle apporte légèreté à ce plat.

L'appareil à spätzle est formé d'un réservoir pour la pâte placé sur une grille sur laquelle on le fait coulisser ; ainsi des gouttes de pâte régulières tombent dans l'eau

Wienerschnitzel (escalopes viennoises)

POUR 4 PERSONNES

préparation : 10 mn

cuisson : 15 mn

4 escalopes de veau à chair rosée
2 œufs
3 cuillères à soupe de farine
100 g de chapelure
4 cuillères à soupe d'huile
100 g de beurre
sel, poivre

A l'aide d'un marteau en bois, aplatir les escalopes.
Prendre trois assiettes ; étaler la farine dans la première, dans une autre la chapelure et dans la troisième les œufs battus en omelette ; dans une grande poêle à revêtement anti-adhésif, faire fondre le beurre et l'huile.
Tremper les escalopes les unes après les autres dans la farine, secouer pour ôter le surplus ; tremper dans l'œuf puis aussitôt dans la chapelure et faire saisir dans la poêle bien chaude à feu moyen, en les retournant une fois ; saler, poivrer et cuire 5 mn de chaque côté.
Servir avec une salade de pommes de terre et d'oignons assaisonnée avec une vinaigrette sans moutarde.

Conseil :

Le veau ne doit pas être trop jeune, sa chair doit être rosée. Les escalopes doivent cuire dans une grande quantité de matières grasses ; beaucoup d'Autrichiens utilisent la margarine.

Goulasch à la polenta

POUR 6 PERSONNES

préparation : 15 mn

cuisson : 1 h 45

1 kg 300 de viande de bœuf coupée en morceaux (macreuse ou paleron)
6 oignons
4 cuillères à soupe de paprika
3 cuillères à soupe d'huile
2 cuillères à soupe de farine
1 cube de bouillon de volaille
1 bouquet garni
500 g de polenta
100 g de beurre
sel, poivre

Dans une cocotte, faire revenir dans l'huile les morceaux de viande ; quand ils sont bien dorés, les ôter de la cocotte et à la place faire revenir les oignons émincés.
Quand ils sont blonds, remettre les morceaux de viande ; saupoudrer avec la farine et le paprika, saler, bien poivrer, mélanger le tout ; puis verser le bouillon dilué dans 50 cl d'eau chaude, ajouter le bouquet garni, couvrir et laisser mijoter 1 h 30 en ajoutant au besoin un peu d'eau si la sauce réduit trop.
Pendant ce temps, faire cuire la polenta dans de l'eau bouillante et salée selon le temps de cuisson indiqué ; étaler la polenta sur une surface lisse, moule ou plat légèrement huilé ; laisser refroidir ; découper des triangles et les disposer dans un plat à four, recouvrir de noisettes de beurre et faire dorer au four th7-200° pendant 15 mn.
Servir le goulasch bien chaud avec la polenta.

Conseil :

Il existe plusieurs variantes ; parfois on mélange à proportion égale viande de porc et viande de bœuf ; parfois seulement de la viande de veau ; certains ajoutent en cours de cuisson une cuillère à soupe de vinaigre et en fin de cuisson un peu de crème fraîche, mais ce n'est pas orthodoxe : le goulasch est un plat maigre.

DENIS

Denis est metteur en scène d'opéras. D'origine tunisienne et italienne, il a grandi entouré d'une mère, d'une grand-mère, d'une tante et d'une grand-tante qui cuisinaient divinement bien. Et aussi d'un père qui adorait l'emmener dans les grands restaurants. Le célèbre Jamin dit un jour à son père : « Vous initiez votre fils, bravo ! » Il invite beaucoup après le spectacle. Il aime mélanger les saveurs et les recettes de tous les pays.

Spaghetti à la méridionale
Soupe de lentilles rouges
Couscous à ma façon

Spaghetti à la méridionale

POUR 4 PERSONNES

préparation : 5 mn

cuisson : 15 mn

500 g de spaghetti
8 gousses d'ail
1 peperoncino (petit piment rouge très fort)
1 tube de pâte d'anchois
4 cuillères à soupe de chapelure
6 cuillères à soupe d'huile d'olive
persil plat
sel, poivre

Faire cuire les spaghetti dans beaucoup d'eau bouillante et salée selon le temps de cuisson indiqué. Pendant ce temps, dans une petite casserole, faire dorer les gousses d'ail épluchées et émincées en 2 ou 3 dans l'huile d'olive avec le peperoncino écrasé avec les doigts ; quand l'ail est juste doré, ajouter la pâte d'anchois, mélanger.
Égoutter les pâtes et jeter dessus la préparation brûlante (« ça crisse »), saupoudrer de chapelure et mélanger pour que les spaghetti s'enrobent bien de sauce, poivrer et ajouter enfin le persil ciselé
Servir brûlant.

Conseil :

C'est un plat unique que Denis sert quand il revient d'un spectacle avec des amis. Le persil n'est pas indispensable.
Il accompagne ce plat d'un bordeaux rouge : un Lalande de Pomerol.

Soupe de lentilles rouges

POUR 4 PERSONNES

préparation : 15 mn

cuisson : 45 mn

250 g de lentilles rouges

1 boîte de tomates pelées de 765 g

1 bâton de cannelle

2 clous de girofle

2 cuillères à café de curcuma

3 cuillères à soupe d'huile d'olive

1 petit bouquet de coriandre fraîche

sel, poivre

Dans une casserole, faire fondre les tomates grossièrement hachées dans l'huile d'olive chaude avec les épices ; laisser cuire à petit feu jusqu'à ce que toute l'eau des tomates soit évaporée ; baisser le feu, couvrir et continuer la cuisson ; quand l'huile remonte à la surface, la sauce est cuite.
Pendant ce temps, mettre les lentilles dans une casserole recouverte d'eau froide et porter à ébullition ; après 30 mn de cuisson saler et cuire encore 10 mn.
Verser par-dessus la sauce tomate et laisser reposer 30 mn.
Avant de servir, réchauffer, vérifier l'assaisonnement, ajouter éventuellement un peu d'eau si la soupe est trop épaisse ; parsemer de coriandre ciselée avant de servir.

Conseil :

Les lentilles rouges ou roses se trouvent dans les épiceries de produits indiens.

Couscous à ma façon

POUR 6 PERSONNES

préparation : 30 mn

cuisson :

45 mn ou 3 h

selon les pois

chiches

1 poulet

2 gros oignons

2 tomates

3 carottes

3 courgettes

1 kg de couscous

75 g de raisins secs

100 g de

pois chiches

1 cuillère à café

de curcuma

La veille, faire tremper les pois chiches dans de l'eau froide. Le jour même, faire revenir 1 oignon haché dans 2 cuillères à soupe d'huile d'olive, ajouter les pois chiches égouttés et le sachet de Spigol, couvrir d'eau et faire cuire pendant 2 h 30 à 3 h, jusqu'à ce qu'ils soient tendres ; saler à mi-cuisson.

Dans une grande cocotte, faire revenir dans 3 cuillères à soupe d'huile d'olive 1 oignon haché avec le poulet coupé en morceaux ; laisser rissoler quelques minutes en tournant bien les morceaux de poulet ; ajouter en saupoudrant le curcuma, le gingembre, le safran et le bâton de cannelle, saler et poivrer.

Ajouter les carottes épluchées et les courgettes coupées en gros morceaux et enfin les tomates pelées et épépinées ; laisser encore rissoler quelques minutes ; couvrir largement d'eau et laisser cuire à feu doux 30 mn ; quand l'huile remonte à la surface, c'est cuit.

Pendant ce temps, préparer la graine : faire gonfler les raisins secs dans un bol de bouillon.

Faire cuire la semoule à la vapeur selon la manière et le temps de cuisson indiqué ; quand la semoule est cuite, ajouter la cannelle en poudre, le beurre, les raisins égouttés et garder au chaud.

Pour servir, dresser dans un plat le poulet et les légumes, dans un autre plat la graine et, encore à part, dans une soupière, le bouillon dans lequel poulet et légumes ont cuit.

1 dose de safran

1 bâton de cannelle

1 cuillère à café de cannelle en poudre

2 cuillères à café de gingembre en poudre

75 g de beurre

5 cuillères à soupe d'huile d'olive

1 sachet de Spigol

1 bol de bouillon

sel, poivre

Conseil :

Quand Denis est pressé, il utilise des pois chiches en boîte qu'il réchauffe avec l'oignon revenu et le Spigol. Pour gagner du temps, on peut préparer le couscous au micro-ondes : il suffit de laisser la graine gonfler dans de l'eau bouillante puis de réchauffer au micro-ondes avec le beurre et les raisins secs.

Avec ce couscous, Denis boit un Côtes-du-Rhône de chez Guigal.

VOUS ÊTES FROMAGE, OU DESSERT?
JE M'EN FOUS!

NICOLAS

Nicolas est bordelais, jeune courtier en vins et jeune marié. Avec son chien Petrus, il va chasser dans les forêts du Cap-Ferret. Il pratique le sport – foot, rugby – et les boîtes de nuit ; toujours prêt à faire la fête, il est capable de passer des journées entières en cuisine pour préparer de grandes bouffes à ses copains ; difficile et encore peu expérimenté, il goûte jusqu'à ce que ce soit bon.

Chili con carne
Lasagnes
Crêpes antillaises

Chili con carne

POUR 8 PERSONNES

préparation : 15 mn

cuisson : 1 h 30

8 steaks hachés
3 boîtes de 500 g de haricots rouges
2 boîtes de tomates pelées
2 poivrons rouges
4 oignons
1 gousse d'ail
4 piments oiseau secs
1 cuillère à café de curcuma
1 cuillère à café d'origan
quelques gouttes de tabasco
50 g de beurre
1/2 litre de bouillon de poule
sel, poivre

Dans une cocotte, faire revenir les oignons hachés avec le beurre ; quand les oignons sont translucides, ajouter les steaks et les poivrons épluchés et coupés en petits morceaux ; faire rissoler en remuant bien tous les ingrédients avec une cuillère en bois afin d'obtenir une préparation homogène.
Saler, poivrer, ajouter l'ail, les épices, puis les tomates et le bouillon de poule ; laisser mijoter 1 h.
Ajouter les haricots et laisser encore mijoter 30 mn.
Verser dans un plat et recouvrir de tranches d'orange.

Conseil :

On peut corser ce plat en ajoutant 1 cuillère de piment de cayenne en poudre.

Lasagnes

POUR 8 PERSONNES

préparation : 45 mn

cuisson : 1 h 30

800 g de bœuf haché
1 paquet de lasagnes
2 oignons
2 gousses d'ail
2 échalotes
1 carotte
2 boîtes de tomates pelées
50 g de beurre
2 cuillères à soupe de farine
75 cl de lait
2 cuillères à soupe d'huile d'olive
200 g de gruyère râpé
100 g de parmesan râpé
1 feuille de laurier
muscade
sel, poivre

Faire revenir dans l'huile d'olive les oignons, les échalotes et l'ail hachés ; ajouter ensuite la viande hachée et faire saisir et dorer quelques minutes en mélangeant bien avec une cuillère en bois.
Ajouter la carotte épluchée et coupée en petits cubes, le laurier, les tomates, saler, poivrer et laisser mijoter 45 mn.
Pendant ce temps, tremper les lasagnes 1 mn dans de l'eau bouillante, puis dans de l'eau froide, et laisser égoutter sur un torchon.
Préparer une béchamel en faisant fondre dans une casserole le beurre avec la farine, puis verser le lait bouillant, mélanger et laisser mijoter 5 mn, saler, poivrer, ajouter un peu de muscade et 100 g de gruyère, mélanger jusqu'à ce que le fromage soit fondu.
Beurrer un grand plat à four ; tapisser le fond d'une couche de lasagnes, recouvrir d'une couche de viande puis d'une couche de béchamel, saupoudrer de parmesan ; recommencer en alternant les différentes couches ; terminer par une couche de lasagnes, une de béchamel et 100 g de gruyère râpé. Faire cuire pendant 45 mn à four th6-180°, jusqu'à ce que les lasagnes soient bien gratinées.

Conseil :

Vous pouvez utiliser du steak haché surgelé. Je mélange parfois viande de bœuf et chair à saucisse, cela donne une sauce plus moelleuse.

Crêpes antillaises

POUR 8 PERSONNES

(25 crêpes)

préparation : 15 mn

cuisson : 30 à 45 mn

4 œufs

250 g de farine

75 cl de lait

1 orange

1 citron

3 cuillères à soupe de rhum

1 pincée de sel

Casser les œufs dans une terrine, les battre légèrement et incorporer la farine tamisée pour éviter les grumeaux ; ajouter le lait, le zeste du citron et de l'orange, une pincée de sel ; travailler la pâte pour éviter les grumeaux, verser l'huile et le rhum et laisser reposer 2 h.

Faire cuire les crêpes dans de petites poêles anti-adhésives avec une noisette de beurre ; quand elles sont bien dorées des deux côtés, les saupoudrer d'un mélange de sucre blanc et de cassonade, rouler et tenir au chaud.

Conseil :

Surtout pas d'affolement, la première crêpe est toujours ratée.

CLAUDE

D'origine bordelaise, Claude vit à Paris et fabrique du prêt-à-porter de luxe. Pour se reposer de la soie et du crêpe de Chine, Claude a choisi l'opéra, le golf et la cuisine, qu'il pratique le week-end et pendant les vacances pour sa femme, ses enfants et petits-enfants.
Il prépare des brunchs somptueux et prépare sa propre tapenade. Sa mère lui a appris la sauce au pauvre homme : c'était son plat préféré quand il était enfant.

Tapenade

Rincer à l'eau froide les anchois et les câpres, dénoyauter les olives.
Mixer tous les ingrédients et servir avec des tranches de pain Poilane.

POUR 1 BOL

préparation : 20 mn

pas de cuisson

50 g d'anchois au sel
50 olives noires
1 petit verre de câpres
150 g de beurre
2 gousses d'ail
1/2 verre d'huile d'olive

Conseil :

Il faut goûter plusieurs fois, parce que les anchois, les olives et les câpres sont plus ou moins forts et salés ; le beurre et l'huile d'olive sont là pour adoucir ; ajouter à volonté beurre et huile jusqu'à ce que ce soit bon.

Sauce au pauvre homme

POUR 6 PERSONNES

préparation : 20 mn

cuisson : 50 mn

1 kg 500 de pommes de terre B.F. 15
6 tranches de ventrèche de 2 cm d'épaisseur
3 oignons
2 gousses d'ail
3 cuillères à soupe d'huile d'arachide
3 verres de vin blanc sec
2 cuillères à soupe de farine
thym, laurier
sel, poivre

Éplucher et couper les pommes de terre en tranches de 1,5 à 2 cm d'épaisseur ; éplucher et couper les oignons en rondelles.
Dans une cocotte, faire revenir avec l'huile les tranches de ventrèche sans les faire dorer, ôter de la cocotte et garder au chaud.
Faire blondir les oignons dans la graisse de la cocotte à feu doux sans les faire dorer ; ajouter la farine, tourner avec une cuillère en bois pour bien mélanger et verser le vin blanc et 1/2 litre d'eau chaude, remuer toujours et laisser épaissir.
Ajouter alors les pommes de terre, mélanger, saler, poivrer et ajouter thym et laurier ; éventuellement ajouter de l'eau pour que les pommes de terre soient juste couvertes ; couvrir et cuire 20 mn.
Mélanger les pommes de terre pour que celles du dessous soient par-dessus ; réincorporer au milieu des pommes de terre les tranches de ventrèche, couvrir et cuire encore 20 mn ; 5 mn avant la fin de la cuisson, ôter le couvercle pour faire évaporer le jus au cas où il y en aurait trop.
La cuisson est terminée quand les pommes de terre sont onctueuses.

Conseil :

La ventrèche n'est autre que la poitrine de porc demi-sel non fumée ; c'est ainsi que l'appellent les Bordelais.

Salade russe à la façon de Claude

POUR 4 PERSONNES

préparation : 20 mn

cuisson : 15 mn

400 g de macaroni
2 betteraves moyennes
20 olives noires
10 filets d'anchois doux (norvégiens)

pour la sauce rémoulade
1 bol de mayonnaise
1 cuillère à soupe de moutarde
4 cornichons
2 filets d'anchois
2 cuillères à soupe de câpres
persil, cerfeuil, estragon

Préparer la sauce ; hacher menu les cornichons, les câpres et les anchois et les mélanger avec la mayonnaise et la moutarde ; ajouter les herbes hachées.
Faire cuire les macaroni dans une grande quantité d'eau bouillante et salée selon le temps de cuisson indiqué, égoutter et assaisonner aussitôt avec la sauce rémoulade.
Disposer par-dessus des rondelles de betterave, les filets d'anchois et les olives noires.

Conseil ;

C'est très joli de couleurs et très bon ; les anchois doux s'achètent dans les épiceries fines.

Pommes de terre en robe des champs à la brandade

POUR 4 PERSONNES

dessalage : 24 h

préparation : 20 mn

cuisson : 20 mn

1 kg de morue salée

2 gousses d'ail

30 cl de crème fraîche

1 verre d'huile d'olive

1 kg de pommes de terre B. F. 15

sel

Faire dessaler la morue pendant 24 h en changeant souvent l'eau.
Mettre la morue dans une casserole d'eau froide et porter à ébullition ; stopper la cuisson et laisser reposer 10 mn ; égoutter et effeuiller la morue.
Mixer avec l'ail, la crème fraîche et l'huile d'olive, poivrer ; goûter pour vérifier l'assaisonnement et garder au chaud.
Faire cuire les pommes de terre à l'eau avec du sel, 20 mn environ ; égoutter et les remettre dans la casserole sur feu doux pour qu'elles sèchent.
Servir avec la brandade.

Conseil :

Il faut goûter la brandade avant de la servir, parce que parfois la morue s'est trop dessalée.

CLAP
CLAP
CLAP
CLAP
CLAP
CLAP

DANIEL

Daniel est photographe : une de ses spécialités est la photo de cuisine. A force d'aller photographier des plats superbes et délicieux chez les chefs étoilés, il s'est mis à la cuisine et organise des dîners avec ses copains pour faire goûter ses créations.
Ses plats sont toujours très jolis, prêts à être photographiés.
Il passe tous ses loisirs sur son bateau, à l'île d'Yeu, ce qui explique son goût pour tous les produits de la mer.

Terrine de bar en gelée d'huîtres
Saint-Jacques en coquilles de légumes
Homard grillé

Terrine de bar en gelée d'huîtres

POUR 6 PERSONNES

préparation : 1 h

cuisson : 5 mn

40 huîtres spéciales n°3 de Marennes Oléron
1 bar de 1 kg
8 feuilles de gélatine
1 sachet de court-bouillon
10 cl de crème liquide
1 cuillère à café de gingembre en poudre
1 pointe de cayenne
ciboulette

Ouvrir les huîtres et récupérer leur eau en deux fois : dans un bol verser l'eau dès l'ouverture de l'huître ; 10 mn après l'huître dégorge une nouvelle eau.
Prélever les filets de bar (ou le faire faire par le poissonnier) et les faire pocher 4 mn dans le court-bouillon frémissant ; laisser refroidir.
Faire fondre les feuilles de gélatine dans de l'eau tiède 15 mn.
Filtrer l'eau des huîtres et la porter à ébullition ; hors du feu, incorporer la gélatine égouttée et mélangée jusqu'à ce qu'elle soit totalement dissoute ; ajouter le colorant bleu et un peu de coriandre ciselée ; verser une couche de 1 cm de gelée dans le fond de la terrine et faire prendre au réfrigérateur.
Mixer 8 huîtres avec la crème liquide, assaisonner avec cayenne, sel et poivre, et ajouter de la ciboulette hachée.
Quand la gelée est prise dans le fond de la terrine, disposer un filet de bar et, par-dessus les huîtres, recouvrir de crème, saupoudrer de gingembre en poudre et de ciboulette, déposer encore quelques huîtres ; recouvrir de gélatine ; laisser prendre au frais 15 mn.
Recommencer avec le deuxième filet la même opération ; terminer par un bon lit de ciboulette et une bonne couche de gélatine.
Mettre au réfrigérateur pendant 24 h.
Démouler la terrine en la trempant 1 à 2 mn dans de l'eau chaude et servir avec la sauce très froide : fouetter légèrement la crème liquide et assaisonner avec jus de citron, gingembre, sel et poivre.

coriandre fraîche
3 gouttes de colorant alimentaire bleu
sel, poivre
1 terrine en pyrex ou en porcelaine

pour la sauce :
30 cl de crème liquide
2 cuillères à soupe de jus de citron
1/2 cuillère à café de gingembre en poudre
sel, poivre

Conseil :

Le colorant bleu n'est pas indispensable, il sert à la beauté, à la fraîcheur et à l'originalité de ce plat que Daniel a inventé pour un dîner de Noël.

Saint-Jacques en coquilles de légumes

POUR 4 PERSONNES

préparation : 20 mn

cuisson : 7 mn

12 coquilles Saint-Jacques avec leurs coquilles

2 endives

24 pois gourmands

100 g de beurre

1 verre de très bon vin blanc sec

sel de Guérande

poivre

Laver, nettoyer les Saint-Jacques en laissant la noix attachée à la coquille ; ôter le corail, conserver les couvercles.
Détacher les feuilles des endives et les faire cuire à la vapeur 2 mn avec les pois gourmands.
Mélanger le vin blanc avec un verre d'eau.
Dans chaque coquille, disposer une cuillère de mélange vin-eau, 2 feuilles d'endives et 2 pois gourmands, une noix de beurre, quelques grains de sel de Guérande, un peu de poivre du moulin ; refermer les coquilles et les disposer sur la lèchefrite du four.
Faire cuire pendant 5 mn au four préchauffé th10-270°.

Conseil :

On peut remplacer les pois gourmands par des dés de tomates ; l'endive se marie particulièrement bien avec les Saint-Jacques.

Homard grillé

POUR 2 PERSONNES

préparation : 10 mn

cuisson : 5 à 7 mn

1 beau homard breton vivant de 1 kg

1 verre d'huile d'olive

1 piment oiseau

La veille, faire macérer le piment oiseau dans le verre d'huile.

Couper en deux le homard vivant à l'aide d'un gros couteau ou d'un hachoir de cuisine ; ôter la poche de sable située près de la tête ; disposer les deux morceaux sur la grille du four.

Avec un pinceau, badigeonner la surface d'un peu d'huile pimentée.

Allumer le grill du four ; quand il est bien rouge, faire griller les homards à mi-hauteur ; surveiller la cuisson : quand le liquide situé dans la tête se met à bouillir, laisser encore quelques secondes jusqu'à ce que la chair devienne bien blanche.

Servir aussitôt ; à volonté chacun ajoute sel et poivre.

Conseil :

Si vous trouvez trop cruel de couper en deux le homard vivant, plongez-le d'abord dans une grande marmite d'eau bouillante. Est-ce moins cruel ?

ON PEUT CORSER ENCORE PLUS CE CHILI, EN AJOUTANT UNE CUILLÈRE DE PIMENT DE CAYENNE EN POUDRE...

HUBERT D

Hubert est un jeune financier plein de talent.
Il partage ses activités entre l'immobilier et les droits d'auteur.
Marseillais, il a une passion pour les pizzas à pâte fine et croustillante, qu'il achète dans la rue.
Célibataire et grand séducteur, c'est avec ses caramels qu'il conquiert les femmes :
un moyen infaillible pour qu'elles lui restent « attachées »...

Petits légumes crus aux trois sauces
Pâtes au citron
Caramels d'Hubert

Petits légumes crus aux trois sauces

POUR 6 PERSONNES

préparation : 15 mn

pas de cuisson

500 g de crème très fraîche
1 botte de radis
1 botte de petites carottes nouvelles
1 barquette de tomates cerises
1 concombre
1 pied de céleri
100 g de roquefort
1 botte de ciboulette
2 cuillères à soupe de ketchup
sel, poivre

La veille, préparer les trois sauces.
Sauce au roquefort : écraser le roquefort à la fourchette et mélanger avec le 1/3 de la crème, poivrer fortement.
Sauce à la ciboulette : ciseler la ciboulette et mélanger avec un 1/3 de crème, saler et poivrer.
Sauce au ketchup : mélanger la crème restante avec le ketchup, saler un peu, poivrer ; selon votre goût, ajouter un peu de ketchup.
Mettre ces trois sauces au réfrigérateur, bien fermées pour éviter qu'elles ne perdent leur saveur ou que les saveurs ne se mélangent.
Le jour même, éplucher et laver tous les légumes, couper les carottes en deux ou trois si elles sont trop grosses. Ne pas éplucher le concombre, brosser la peau, couper en tronçons de 5 cm puis chaque tronçon en quatre à six bâtons. Ne garder que le cœur du céleri et couper les branches en tronçons de 5 cm.

Servir en entrée ou à l'apéritif avec un vin blanc sec : Chablis ou Muscadet sur lie.

Conseil :

Hubert achète une crème délicieuse sur le marché de Bergerac. Les sauces, surtout celle à la ciboulette, sont vraiment meilleures après 24 h, car les saveurs se sont confondues.

Pâtes au citron

POUR 6 PERSONNES

préparation : 10 mn

cuisson : 10 mn

500 g de spaghetti

3 citrons

200 g de crème fraîche

2 cuillères à soupe d'huile d'olive

3 cuillères à soupe de porto

1 cube de bouillon de volaille

2 cuillères à soupe de sucre

sel, poivre

Avec un zesteur ou une râpe fine, prélever les zestes des trois citrons sans prendre la peau blanche, qui est amère.
Faire cuire les spaghetti dans une grande quantité d'eau bouillante et salée selon le temps de cuisson indiqué.
Dans une petite casserole, faire cuire 2 mn les zestes avec le porto, le jus d'un citron, le bouillon cube et l'huile d'olive, ajouter la crème fraîche, saler, poivrer et laisser mijoter 5 mn.
Égoutter les spaghetti, mélanger avec la sauce et servir aussitôt : ce plat se mange brûlant.

Conseil :

La saveur aigre-douce de ce plat est étonnante.

Caramels d'Hubert

POUR 30 CARAMELS ENVIRON

préparation : 10 mn

cuisson : 5 mn

100 g de chocolat

100 g de miel d'acacia

100 g de sucre

100 g de beurre

Dans une casserole, faire fondre à feu doux le beurre mou avec le sucre, le miel et le chocolat coupé en morceaux et mélanger avec une cuillère en bois jusqu'à ce qu'apparaissent de gros bouillons.
A partir de ce moment, compter 2 mn 30, ôter du feu et verser aussitôt dans un moule à caramel beurré ou dans un bac à glaçons métallique, laisser refroidir.
Les caramels sont encore meilleurs le lendemain.

Conseil :

Les caramels d'Hubert sont sublimes !

ALAIN

Alain est architecte. Juif marocain, il est très attaché à sa culture, dont fait partie la cuisine de sa mère et de sa tante ; avec le golf, la cuisine est sa deuxième passion. C'est toujours Alain qui cuisine pour la famille et les copains. Il invente, pense et structure ses plats comme une maison, domaine dont il avoue cependant ne pas tout connaître. Le résultat est toujours convaincant et excellent.

Eau chaude
Salade marocaine d'artichauts aux oranges
Boudins blancs aux chips de céleri
Foie gras poêlé aux granny et aux lentilles

Eau chaude

POUR 6 PERSONNES

préparation : 20 mn

cuisson : 20 mn

800 g de pommes de terre B.F. 15
4 tomates
2 oignons
1 gousse d'ail
2 fonds d'artichaut
1 zeste d'orange
1 poignée de fenouil sauvage
1 petite louche d'huile d'olive
600 g de lotte coupée en 4 tronçons
500 g de congre près de la tête
4 cuillères à soupe de crème fraîche
1 pincée de curry
sel, poivre

Éplucher les pommes de terre et les couper en rondelles de 5 mm.
Peler et épépiner les tomates.
Éplucher l'oignon et le couper en 4 ; éplucher l'ail et écraser la gousse.
Émincer les fonds d'artichaut.
Placer tous les légumes dans un faitout, ajouter le fenouil, le zeste ; saler, poivrer.
Disposer par-dessus les poissons, couvrir d'eau bouillante, verser l'huile d'olive ; fermer avec le couvercle et laisser cuire à feu pas trop fort 20 mn, sans toucher à rien.
Prélever une partie du bouillon, mélanger avec le curry et la crème et verser à nouveau dans le faitout.
Servir aussitôt très chaud.

Conseil :

Alain fait cette recette à Belle-Ile. On peut utiliser d'autres poissons à condition que ce soient des poissons très frais, à chair ferme et sans arêtes ; on peut également ajouter des coquillages, des moules, des coques......

Salade marocaine d'artichauts aux oranges

POUR 6 PERSONNES

préparation : 20 mn

cuisson : 1 h

8 fonds d'artichaut

8 oranges

2 gousses d'ail

4 cuillères à soupe d'huile d'olive

coriandre fraîche ou persil plat

sel, poivre

Couper les fonds d'artichaut en quatre.
Peler les oranges à vif au-dessus d'un saladier pour récupérer leur jus et les couper en huit.
Faire cuire les fonds d'artichaut et les oranges dans une sauteuse avec la moitié de l'huile d'olive, le jus d'orange, les gousses d'ail écrasées, sel et poivre à l'étouffée pendant une heure.
Laisser refroidir, ajouter le restant de l'huile d'olive et parsemer de coriandre ciselée avant de servir.

Conseil :

Alain prépare cette recette avec des fonds d'artichaut surgelés ; c'est presque aussi bon que la salade que faisaient sa mère et sa tante au Maroc avec des artichauts frais.

Boudins blancs aux chips de céleri

POUR 4 PERSONNES

préparation : 15 mn

cuisson : 20 mn

4 boudins blancs

1 truffe

1 bulbe de céleri

50 g de beurre

1 verre d'huile

sel, poivre

Éplucher le céleri et le découper en fines lamelles comme des chips ; on peut utiliser un économe, un robot ou une mandoline, l'important est que les chips soient fins.

Dans une poêle, faire cuire à petit feu dans le beurre les boudins blancs après les avoir piqués avec une fourchette, pendant 20 mn, en les retournant de temps en temps.

Ôter du feu, couper dans le sens de la longueur et comme un sandwich, placer de fines lamelles de truffe entre les deux morceaux et laisser au chaud.

Au moment de servir faire vivement dorer dans la poêle, avec l'huile bien chaude, les chips de céleri jusqu'à ce qu'ils soient dorés et croustillants ; saler, poivrer et servir avec les boudins.

Conseil :

Avec ce plat Alain sert un Pomerol.

Foie gras poêlé aux granny et aux lentilles

POUR 6 PERSONNES

préparation : 20 mn

cuisson : 30 mn

1 foie gras de canard de 600 g environ

3 pommes granny-smith

250 g de lentilles vertes du Puy

1 oignon piqué d'un clou de girofle

50 g de beurre

3 cuillères à soupe de vinaigre balsamique

sel, poivre

Mettre les lentilles dans une casserole d'eau froide, porter à ébullition et cuire 2 mn ; égoutter ; remettre les lentilles dans la casserole avec de l'eau bouillante, ajouter l'oignon piqué du clou de girofle, saler et laisser cuire 30 mn ; égoutter, ôter l'oignon et garder au chaud.
Découper le foie gras en six belles tranches régulières et les garder au réfrigérateur.
Éplucher les pommes et les couper en tranches fines ; les faire dorer dans une poêle avec le beurre de chaque côté.
Sur le plat de service préchauffé, disposer les lentilles nature, par-dessus les quartiers de pomme et garder au chaud. Juste avant de servir, faire chauffer très fort une poêle à revêtement anti-adhésif et faire cuire les escalopes de foie gras sans matière grasse, exactement 1 mn de chaque côté, saler et poivrer pendant la cuisson du deuxième coté ; le foie doit se colorer et être presque croustillant : la graisse sort du foie sous l'effet de la chaleur et le foie ne risque pas d'attacher ; après ces 2 mn de cuisson, ôter les escalopes de la poêle et les mettre sur les pommes dans le plat de service ; jeter le surplus de graisse qui se trouve dans la poêle, verser le vinaigre balsamique et laisser cuire 30 secondes en remuant la poêle ; verser sur les escalopes.
Servir aussitôt.

Conseil :

A défaut de vinaigre balsamique, utilisez du vinaigre de xérès ou de cidre.

DEMAIN JE COMMENCE LE RÉGIME...

PATRICK J

Ce chasseur de têtes n'aime pas cuisiner à Paris, parce qu'il n'a pas le temps de courir après le bon produit. Par contre, il donne toute sa mesure dans ses maisons, en Sologne et à Ré. Pour cet homme d'affaires efficace, la cuisine doit aller vite et les plats se doivent d'être accompagnés de bons vins. Pas très dessert, comme beaucoup d'hommes, il achève ses repas par la confiture des vieux garçons.

Gigot à l'orientale et pommes de terre à la paresseuse
Macaronade aux morilles et au foie gras
Canard aux pommes
Faisan à la choucroute

Gigot à l'orientale et pommes de terre à la paresseuse

POUR 8 PERSONNES

préparation : 5 mn

cuisson : 5 h

temps de marinade : 24 h

1 gigot de 2 kg
25 cl d 'huile d'olive
1 cuillère à café de coriandre en poudre
1 cuillère à café de cumin en poudre
1 cuillère à café de piment de cayenne
thym origan
sel, poivre

pour les pommes de terre :

1 kg 500 de pommes de terre(île de Ré, Belle de Fontenay ou rates du Touquet)
25 g de margarine
3 cuillères à soupe d'huile
2 poignées de gros sel de mer

Préparer la marinade en mélangeant l'huile d'olive et le piment.
Dégraisser le gigot et ôter les peaux pour laisser la viande à vif ; donner quelques coups de couteau dans la viande ; recouvrir le gigot de la marinade et laisser au frais 24 h en le retournant et en l'arrosant de temps en temps.
Le jour même, ôter le gigot de la marinade et le mettre dans un plat à four ; recouvrir des herbes et des épices en appuyant bien dessus pour les faire adhérer sur toute la surface ; saler et poivrer.
Faire cuire au four th4-120° pendant 4 à 5 h.
Préparer les pommes de terre : les laver mais ne pas les éplucher ; les couper en quatre dans le sens de la longueur et les mettre dans un grand plat ; arroser d'huile, saupoudrer de gros sel, mélanger et disposer par-dessus des noix de margarine.
Faire cuire au four th7/8-220° pendant 40 mn en remuant de temps en temps.

Conseil :

Cuite ainsi, la viande est fondante et subtilement parfumée ; c'est la version orientale du fameux gigot de sept heures. A la place du piment de cayenne, Patrick utilise à l'occasion du piment vert des Antilles ou de la pâte de piment vietnamienne, qu'il trouve au rayon exotique des supermarchés. Il remplace parfois les pommes de terre par des pois chiche assaisonnés à l'huile d'olive. Avec ce gigot légèrement épicé, Patrick sert un Crozes-Hermitages, un Côte Rôtie – plus cher – ou un vin corse (domaine Torraccia) plus économique.

Macaronade aux morilles et au foie gras

POUR 6 PERSONNES

préparation : 10 mn

cuisson : 6 mn

500 g de pâtes fraîches

20 g de morilles séchées

500 g de foie gras frais

250 g de crème fraîche

sel, poivre

Tremper les morilles dans un grand bol d'eau tiède pendant 45 mn à 1 h pour les réhydrater ; égoutter et conserver cette eau pour cuire les pâtes après l'avoir filtrée à travers un filtre à café pour ôter le sable éventuel.
Faire cuire les pâtes selon le temps de cuisson indiqué (3 à 5 mn environ pour des pâtes fraîches) avec les morilles dans cette "eau de morille" additionnée de la quantité d'eau salée nécessaire pour les cuire correctement (environ 5 litres).
Égoutter, ajouter la crème, poivrer, mélanger et verser dans le plat de service préchauffé, garder au chaud.
Découper le foie gras en dix petites escalopes et les faire cuire dans une poêle à revêtement anti-adhésif très chaude sans beurre ni huile, 30 secondes de chaque côté, saler et poivrer, disposer sur les pâtes et servir aussitôt.

Conseil :

Avec ce plat, Patrick sert un bordeaux rouge, Saint-Julien ou Pauillac, ou un blanc moelleux, Loupiac ou Sauternes.
Il est très important de préchauffer le plat de service pour éviter que les pâtes ne refroidissent pendant la cuisson du foie gras.

Canard aux pommes

POUR 4 PERSONNES

préparation : 20 mn

cuisson : 40 mn

1 beau canard de Barbarie

6 pommes canada

1 verre de calvados

20 g de graisse d'oie

3 branches d'estragon

sel, poivre

Dans une cocotte, faire revenir le canard avec la graisse d'oie de tous les côtés ; quand il est bien doré, saler, poivrer ajouter l'estragon haché, verser le Calvados et flamber.
Disposer autour les pommes épluchées et coupées en deux, couvrir et faire cuire à feu moyen 20 mn.
Ôter le couvercle et vérifier que les pommes n'attachent pas : si c'est le cas, les retourner et ajouter un peu d'eau et continuer la cuisson à découvert 20 mn.
Découper le canard et le servir entouré des pommes qui doivent être dorées et bien cuites.

Conseil :

Patrick remplace le canard par deux magrets, c'est plus facile à découper mais la cuisson est deux fois moins longue, 20 mn sont suffisantes.
Avec ce canard, il sert un champagne, un Chablis, un Volnay demi-sec ou, plus original encore, un bon cidre bouché.

Faisan à la choucroute

POUR 6 PERSONNES

préparation : 15 mn

cuisson : 1 h

1 beau faisan de 2 kg 500 ou 2 poules faisanes

250 g de poitrine fumée

2 cuillères à soupe de graisse d'oie

2 kg de choucroute

1 oignon

1 petit suisse

sel,

poivre en grains

Enlever la graisse qui se trouve autour du croupion, le faisan sera moins gras ; enfoncer le petit suisse à l'intérieur et ajouter une bonne pincée de sel et quelques grains de poivre.
Dans une cocotte, faire revenir à feu vif le faisan de tous les côtés ; quand il est bien doré, ajouter la poitrine fumée découpée en petits lardons, baisser le feu et continuer la cuisson à découvert 15 mn.
Ajouter l'oignon coupé en 2, saler et poivrer, couvrir et continuer la cuisson 30 mn.
Ôter le faisan, disposer la choucroute au fond de la cocotte et poser le faisan par-dessus ; laisser cuire à découvert 15 mn à feu vif.
Découper le faisan et déposer les morceaux sur la choucroute bien chaude ; verser dans la cocotte le jus du faisan qui s'est écoulé pendant la coupe et, sur feu vif pendant 3 mn, faire caraméliser tout ce qui est resté au fond de la cocotte ; verser sur les morceaux de faisan.

Conseil :

Vous pouvez découper le faisan au moment où vous le retirez de la cocotte pour mettre la choucroute à réchauffer, et disposer ensuite les morceaux sur la choucroute, ce qui évite la découpe au dernier moment.
Avec ce plat Patrick boit un bourgogne rouge, Givrey Mercurey, ou, plus original, un blanc d'Alsace, sylvaner ou riesling.

IL Y A UNE CULOTTE DANS MA DAUBE !
JE ME DEMANDAIS OÙ JE L'AVAIS FOURRÉE

OLIVIER

Olivier est marseillais. Jeune cadre dynamique, il s'occupe du marketing d'un groupe agro-alimentaire et essaie de découvrir ce que nous aurons envie de manger en l'an 2000.
Dingue de grands vins, il se constitue une cave avec des crus qu'il découvre lui- même. Pour pouvoir les déguster à la perfection, il crée des plats en fonction de ses vins préférés.

Tomate mozzarella d'hiver
Chiffonnade de jambon à la mozzarella
Poisson à la Flore
Sauté de veau aux cèpes

Tomate mozzarella d'hiver

POUR 1 PERSONNE

préparation : 2 mn

cuisson : 5 mn

1 tomate

2 tranches de mozzarella

chapelure

huile d'olive

basilic, thym, marjolaine

sel, poivre

Disposer sur une demi-tomate 1 ou 2 feuilles de basilic ; saler, poivrer, recouvrir d'une tranche de mozzarella, saupoudrer de chapelure, saler, poivrer à nouveau, parsemer de thym et de marjolaine, arroser d'huile d'olive et faire cuire pendant 3 à 5 mn dans le four préchauffé th10-270° jusqu'à ce que la mozzarella soit fondue.

Conseil :

Olivier ajoute parfois 1 où 2 filets d'anchois et des olives noires.
Vin : rouge léger et fruité, Côteaux-du-Lyonnais ou Crozes-Hermitage.

Chiffonnade de jambon à la mozzarella

POUR 2 PERSONNES

préparation : 10 mn

pas de cuisson

4 tranches de jambon de Paris

1/2 mozzarella di bufala

3 tomates

huile d'olive

sarriette

sel, poivre

Couper les tranches de jambon en chiffonnade le plus finement possible.
Couper les tomates et la mozzarella en petits morceaux ; mélanger le tout ; assaisonner avec un peu de sarriette, huile d'olive, sel, poivre.
Servir sans attendre pour éviter que la tomate ne rende son jus.

Conseil :

Olivier réalise la même recette avec du jambon cru : il ajoute en plus des copeaux de parmesan.

Poisson à la Flore

POUR 2 PERSONNES

préparation : 5 mn

cuisson : 4 mn

1 daurade royale de 800 g
1 citron
1 tomate
1 petit oignon
2 brins de fenouil sauvage
1 dé à coudre de pastis
1/2 verre de vin blanc sec
sel, poivre
papier sulfurisé

Laver, nettoyer, écailler la daurade, essuyer avec du sopalin.
Glisser dans le ventre le fenouil, 2 tranches de citron, une tranche de tomate et une fine rondelle d'oignon ; poser la daurade sur une grande feuille de papier sulfurisé ; placer sous et sur la daurade quelques fines tranches de tomate et d'oignon ; arroser avec le vin blanc et le pastis, saler, poivrer.
Fermer la papillote et faire cuire 3 à 4 mn au micro-ondes.
Servir avec un riz Basmati ou Pakistan.

Olivier sert un vin blanc : Cassis ou Bandol.

Conseil :

Selon le marché, Olivier remplace la daurade par du loup.
La cuisson peut se faire au four th8-240° pendant 20 à 30 mn selon la grosseur du poisson.

Sauté de veau aux cèpes

POUR 4 PERSONNES

préparation : 10 mn

cuisson : 20 mn

4 escalopes de veau

75 g de cèpes secs

1 oignon

1 verre de madère ou de porto

25 cl de crème fraîche

1/2 cuillère à café de maïzena

2 cuillères à soupe d'huile ou de beurre

sel, poivre

Faire tremper les cèpes secs dans un bol d'eau chaude 30 mn.
Couper les escalopes en petits morceaux et les faire revenir avec l'oignon haché, dans une poêle avec le beurre ou l'huile ; quand tout est bien doré, verser le madère, les cèpes et l'eau des cèpes, saler, poivrer et laisser réduire 5 mn ; mélanger la maïzena avec la crème et verser dans le plat, mélanger et laisser mijoter encore 10 mn.
Servir avec un riz basmati ou des pâtes.

Olivier sert un Meursault ou un Saint-Joseph blanc.

Conseil :

C'est très bon également avec des cèpes frais ou des girolles.

Dessert Fonsainte

PAR PERSONNE

préparation : 3 mn

cuisson : 1 mn

1 poire cuite ou crue et mûre à point

1 boule de glace à la vanille

1 trait de Grand-Marnier

50 g de chocolat noir

1 cuillère à café de crème fraîche

Faire fondre le chocolat au micro-ondes avec la cuillère de crème.
Disposer dans des coupes individuelles une poire et une boule de glace, arroser avec le Grand-Marnier et le chocolat chaud ; servir aussitôt.

Vin : Banyuls 85 du Docteur Parcé

Conseil :

Je préfère ce dessert avec des poires cuites au naturel.

BENOÎT N

Benoît édite des livres d'art, d'histoire, des ouvrages scientifiques et, bien sûr, des livres de cuisine ; c'est lui qui leur donne forme et décide de leur contenu.
A l'armée, Benoît était chef-cuistot à la tête de cinq appelés et, tous les matins, il allait faire le marché. A la maison, maintenant, il ne cuisine que les jours de fête, quand il reçoit les copains ; toujours la même recette, que ses amis lui réclament sans jamais se lasser : son lapin à la moutarde, absolument parfait !

Œufs mimosa
Lapin à la crème et à la moutarde
Truffes au chocolat

Œufs mimosa

POUR 6 PERSONNES

préparation : 30 mn

cuisson : 12 mn

6 œufs

2 tomates

1 cœur de laitue

3 cuillères à soupe de fines herbes ciselées (ciboulette ou persil)

1 cuillère à soupe de moutarde

1 jaune d'œuf

1 soupçon de vinaigre

huile

sel, poivre

Faire cuire les œufs 12 mn dans de l'eau salée, les écaler après les avoir passés sous l'eau froide.
Préparer la mayonnaise avec la moutarde, le vinaigre et l'huile.
Découper chaque tomate en trois tranches, saler.
Préparer les feuilles de laitue, égoutter.
Couper les œufs en deux, retirer les jaunes ; conserver six moitiés, puis écraser les blancs avec une fourchette ; mélanger avec les fines herbes hachées et ajouter la mayonnaise, cuillère par cuillère ; on doit obtenir une pâte souple.
Remplir chaque blanc avec le mélange obtenu et poser sur une rondelle de tomate, elle-même posée sur une feuille de laitue.
Disposer sur le plat de service ; passer à la moulinette les jaunes conservés et en décorer les œufs.

Conseil :

Pour gagner du temps, vous pouvez utiliser de la mayonnaise en tube ; ajoutez une cuillère de moutarde pour en renforcer le goût.

Lapin à la crème et à la moutarde

POUR 6 PERSONNES

préparation : 20 mn

cuisson : 1 h 30

1 lapin coupé en morceaux
40 g de beurre
6 cuillères à soupe de crème fraîche
2 verres de vin blanc
2 cuillères à soupe de moutarde
2 échalotes
sel, poivre

Dans une grande sauteuse, faire revenir les morceaux de lapin dans le beurre en les retournant ; ôter les morceaux de lapin, jeter le beurre, essuyer la sauteuse avec du papier absorbant.

Enduire chaque morceau de crème fraîche et les poser à plat au fond de la sauteuse. Laisser cuire à feu doux et à découvert pendant 45 mn en surveillant la couleur de la crème : elle ne doit jamais roussir et doit juste frissonner ; ajouter de la crème fraîche chaque fois qu'on ne peut obtenir la couleur et le frémissement désirés.

Dans un bol, verser le vin blanc et incorporer la moutarde et les échalotes finement hachées ; verser sur le lapin et laisser cuire à feu doux, toujours à découvert, 20 à 30 mn.

Conseil :

Benoît sert ce plat avec du riz ou des pommes de terre vapeur.

Truffes au chocolat

POUR 1 KG DE TRUFFES

préparation : 30 mn

cuisson : 5 mn

500 g de chocolat à cuire

5 jaunes d'œuf

150 g de sucre glace

200 g de beurre mou

1/2 verre de crème fraîche

1/2 verre de cognac

100 g de cacao amer

Casser le chocolat en morceaux et le faire fondre au bain-marie ou au micro-ondes.

Mélanger les jaunes d'œuf avec le sucre glace jusqu'à ce qu'on obtienne une crème mousseuse.

Incorporer le beurre mou par petites quantités, ajouter la crème, le cognac et le chocolat fondu puis mélanger.

Former des petites boules de ce mélange et les façonner avec les doigts, puis les rouler dans le cacao étalé sur une assiette ; au fur et à mesure, les disposer sur un plateau les unes à côté des autres – et surtout pas les unes sur les autres – et les faire durcir au réfrigérateur pendant 6 h minimum.

Conseil :

L'astuce de Benoît : « Quand je mélange le chocolat fondu au beurre mou, à la crème et au cognac, je n'essaie pas d'avoir une pâte parfaite, car j'aime que le cœur de la truffe craque sous la dent. » Les truffes se gardent dix jours environ et surtout dans un endroit frais ; les sortir du réfrigérateur 30 mn avant de les consommer, sinon, trop froides, elles perdraient en saveur et en moelleux.

FRANÇOIS V

Passionné de voyages et toujours prêt à sauter dans un avion pour découvrir un nouveau pays, François a la chance de parcourir le monde pour des raisons professionnelles. Ses autres passions : l'opéra, la randonnée pédestre et sa petite maison dans l'Aveyron, où il va régulièrement retrouver ses racines et manger des confitures et des gâteaux, ses deux faiblesses gastronomiques.
François change souvent de femme ; à part une qui cuisinait de façon sublime, il faut bien le dire, et qu'il garda fort longtemps, les autres femmes ne s'abaissaient pas à cette basse besogne. C'est donc lui qui se met aux fourneaux pour réaliser ses recettes favorites, rapportées de ses voyages : le nasi-goreng d'Indonésie et le poulet Yassa du Sénégal.

Avocats créole
Poulet Yassa
Nasi goreng

Avocats créole

Mélanger les crevettes avec la mayonnaise, le ketchup et le whisky.
Couper les avocats en deux, ôter le noyau ; répartir les crevettes à la place du noyau, servir frais.

POUR 4 PERSONNES

préparation : 10 mn

pas de cuisson

2 gros avocats mûrs à point

200 g de grosses crevettes roses décortiquées

4 cuillères à soupe de mayonnaise

1 cuillère à soupe de ketchup

1 cuillère à soupe de whisky

Conseil :

J'ajoute un peu de jus de citron vert, cela corse la sauce, apporte de la fraîcheur et enlève le côté écœurant de la mayonnaise ; j'ajoute même quelques gouttes de tabasco

Poulet Yassa

POUR 4 PERSONNES

préparation : 10 mn

cuisson : 35 mn

1 poulet coupé en morceaux
3 à 4 citrons verts
2 gros oignons doux
6 tranches fines de poitrine fumée
4 clous de girofle
2 cuillères à soupe d'huile d'arachide
sel, poivre.

La veille, hacher les oignons, presser le jus des citrons verts et mélanger avec les morceaux de poulet et les clous de girofle ; les morceaux de poulet doivent être bien recouverts de jus de citron ; recouvrir de film plastique et laisser mariner 24 h.
Le jour même, égoutter les morceaux de poulet et les faire revenir de tous les côtés dans une poêle avec l'huile et les tranches de poitrine coupées en tronçons ; placer les morceaux dans un plat à four, arroser avec la marinade et faire cuire à four th6-180° pendant 30 mn.
Servir avec un riz Basmati cuit à l'eau et assaisonné de beurre.

Conseil :

Vous pouvez aussi faire griller ces morceaux de poulet sur le barbecue, c'est délicieux ; dans ce cas, laissez les tranches de poitrine fumée entières.

Nasi goreng

POUR 6 PERSONNES

préparation : 15 mn

cuisson : 35 mn

300 g de riz long grain
200 g de crevettes roses
4 tranches de poitrine fumée
2 oignons
3 œufs
200 g de poulet rôti
2 gousses d'ail
3 cuillères à soupe de sauce soja
coriandre fraîche
3 cuillères à soupe d'huile d'olive
pâte de piment
sel, poivre

Faire cuire le riz 15 mn dans une grande quantité d'eau bouillante salée, égoutter, rincer à l'eau froide et égoutter à nouveau.
Dans une poêle, faire une omelette très fine avec les œufs et un peu d'huile ; couper en fines lanières quand elle est refroidie.
Couper en petits morceaux le poulet et la poitrine fumée.
Dans un wok, ou à défaut une grande poêle à revètement anti-adhésif, faire revenir dans l'huile les oignons et les gousses d'ail hachés pendant 5 mn ; ajouter les crevettes, les viandes et cuire sans cesser de remuer avec une cuillère en bois 3 mn ; ajouter la pâte de piment, le riz et continuer de mélanger sans s'arrêter ; assaisonner avec la sauce soja, saler, poivrer et continuer à cuire 5 mn sans cesser de remuer.
Ajouter les lanières d'omelette, la coriandre ciselée.

Conseil :

Le nasi goreng est un plat indonésien ; convivial et économique, il se prépare avec des restes de viandes et on peut même adjoindre toutes sortes de légumes, petits pois, pousses de soja, maïs, poivrons, carottes, choux.....
Moi, j'ajoute une belle noix de gingembre râpée en même temps que les oignons.

FRÉDÉRIC

Porcelainier, Frédéric vit à Paris et passe ses vacances à Limoges ou à l'île de Ré.
Quand il se lève le matin avec l'envie de jouer les cordons-bleus, il lui faut d'abord convaincre sa femme, qui a horreur de le voir dans la cuisine ; aussi, pour l'en dissuader, la famille prétend-elle que ses plats ne sont pas terribles ; heureusement, Victoire, sa fille de dix ans, est là pour le défendre ; elle est son meilleur supporter avec ses amis qui lui réclament, entre autres, la soupe d'huîtres qu'il inventa un soir de Noël et le gâteau au chocolat de sa mère – le meilleur du monde – qui en gardait jalousement le secret ; c'est en se cachant dans la cuisine qu'il finit par en découvrir la recette.
Frédéric n'aime que les vins de Bordeaux, même avec les poissons et les sardines marinées au citron. En particulier, les Saint-Julien et les Pauillac ; ses préférés, le Lafite-Rothschild et le Sarget, le deuxième vin de Gruaud-Larose.

Soupe d'huîtres au champagne
Sardines marinées
Mon gâteau au chocolat le meilleur du monde

Soupe d'huîtres au champagne

POUR 6 PERSONNES

préparation : 15 mn

cuisson : 5 mn

36 huîtres spéciales
800 g d'anguilles fumées
25 cl de crème fraîche
150 g de beurre
6 coupes de champagne
poivre

Mettre les huîtres au four chaud juste le temps suffisant pour qu'elles s'ouvrent ; ôter délicatement des coquilles et recueillir le jus, filtrer.
Ôter la peau et les arêtes des anguilles.
Mixer les huîtres avec le beurre mou, la crème, le champagne et la chair de l'anguille ; passer au tamis, ajouter le jus d'huîtres.
Réchauffer au bain-marie, sans laisser bouillir, en fouettant la préparation pour qu'elle soit mousseuse, goûter pour vérifier l'assaisonnement.

Conseil :

Frédéric n'achète ses huîtres qu'à Marennes Oléron.

Sardines marinées

POUR 4 PERSONNES

préparation : 30 mn

pas de cuisson

1 kg de sardines
petites et très
fraîches
3 oignons
2 à 3 citrons
huile d'olive
thym
laurier
gros sel de mer,
poivre

Nettoyer, gratter, vider les sardines, les laver à grande eau puis les sécher avec du sopalin.
Verser un peu d'huile au fond d'un grand plat creux et étaler une couche de sardines ; saupoudrer de gros sel, poivrer et recouvrir d'une couche d'oignons coupés en tranches ; parsemer de thym et de brisures de feuilles de laurier ; arroser d'huile d'olive.
Recommencer l'opération afin d'avoir cinq couches de sardines.
Arroser de jus de citron ; il est difficile de donner la quantité exacte de jus, cela dépend de l'acidité des citrons et de leur grosseur. Il en est de même pour l'huile d'olive, elle doit largement recouvrir et même baigner les sardines.
Recouvrir le plat d'un film plastique et laisser mariner au réfrigérateur 24 h.
Servir avec du pain grillé et un bon beurre salé.

Conseil :

Les sardines doivent être très fraîches, elles doivent pour ainsi dire sortir de l'eau ou avoir été pêchées dans la nuit ; sinon leur chair est trop molle et la saveur moins agréable ; et puis une intoxication est vite arrivée.
Les sardines doivent aussi être petites : grosses, elles sont trop grasses et écœurantes.

Mon gâteau au chocolat le meilleur du monde

POUR 6 PERSONNES

préparation : 15 mn

cuisson : 1 h 40

100 g de chocolat noir

100 g de beurre

175 g de sucre en poudre.

3 œufs

Dans une casserole à feu très doux, faire fondre le chocolat coupé en morceaux avec 1/4 de verre d'eau, le beurre et 100 g de sucre ; travailler la préparation jusqu'à ce que le sucre soit fondu.
Ajouter les jaunes d'œuf et mélanger encore en faisant chauffer la préparation.
Verser dans un moule beurré à soufflé ou un plat haut de 10 cm de diamètre et faire cuire au bain-marie au four th5-150° pendant 1 h 30.
Laisser refroidir et mettre au réfrigérateur 48 h.
Mixer les blancs d'œuf que l'on a conservés au réfrigérateur avec le restant du sucre (75 g) et décorer ou recouvrir la surface du gâteau.

Conseil :

Avec ce gâteau Frédéric boit du bordeaux ; il adore cet accord qui peut sembler étrange mais que je partage.

GEORGES

Humoriste reconnu et apprécié, Georges a eu la gentillesse d'accepter de croquer la « Cuisine des mecs », parce que cela l'amusait et qu'il adore faire la cuisine.
Ashkénaze par son père et séfarade par sa mère, italo-tunisienne, Georges cuisine les plats de celle-ci, ou plutôt ceux de sa grand-mère.
Les événements de la vie le conduisirent à se mettre aux fourneaux pour nourrir ses deux petites filles, et c'est par téléphone que sa mère lui expliquait la marche à suivre ; il continue à l'appeler quand il est en difficulté.
Ses plats vedettes sont les artichauts à la provençale, la tchoutchouka ,et tous les enfants sont fous du gâteau de galettes.

Artichauts à la provençale
Tchoutchouka
Gâteau de galettes

Artichauts à la provençale

POUR 6 PERSONNES

préparation : 30 mn

cuisson : 1 h

30 petits artichauts violets

150 g de poitrine 1/2 sel

3 oignons moyens

6 tomates

1/2 citron

3 cuillères à soupe d'huile d'olive

2 brindilles de thym

1 feuille de laurier

sel, poivre

Éplucher les artichauts : couper la queue en laissant 2 cm à partir du pied ; ôter les premières feuilles ; couper la tête sur 3 cm, ôter le foin s'il est très dur ; puis couper les artichauts en deux.
Dans une cocotte, faire doucement revenir la poitrine 1/2 sel découpée en petits lardons jusqu'à ce qu'elle soit dorée ; ôter de la cocotte et garder au chaud.
A la place, verser l'huile d'olive et faire revenir 5 mn les oignons hachés puis ajouter les tomates pelées, épépinées et coupées en morceaux, laisser cuire 5 mn, ôter de la cocotte et réserver avec les lardons.
Mettre alors dans la cocotte les artichauts et les faire dorer quelques minutes en les retournant sans arrêt ; reverser ensuite les lardons, les oignons et les tomates, poivrer, ajouter le thym, le laurier, un verre d'eau et le jus d'un 1/2 citron ; couvrir et laisser cuire à l'étouffée 45 mn.
Goûter pour vérifier l'assaisonnement ; en principe, il n'est pas nécessaire de saler, la poitrine 1/2 sel s'en charge.

Conseil :

Parfois Georges ajoute quelques petites pommes de terre nouvelles (une ou deux par personne), cela fait un plat complet et c'est très bon.
Au fur et à mesure que vous épluchez les artichauts, placez-les dans un bol rempli d'eau et additionné d 'un jus de citron, cela les empêchera de noircir.
Avec ce plat, Georges boit un rosé de Provence ou un Brouilly.

Tchoutchouka

POUR 6 PERSONNES

préparation : 15 mn

cuisson : 55 mn

3 poivrons rouges

3 poivrons verts

1 kg de tomates

3 gros oignons

6 gousses d'ail

1 petit piment rouge

5 cuillères à soupe d'huile d'olive

sel, poivre

Dans une cocotte, faire revenir dans l'huile d'olive les oignons et les gousses d'ail émincés pendant 10 mn environ jusqu'à ce qu'ils soient dorés.
Ajouter les poivrons lavés, épépinés et coupés en tranches, les tomates coupées en quatre et le piment rouge émincé ; saler, poivrer et laisser mijoter mi-couvert 45 mn.
Servir froid en salade.
Parfois Georges ajoute en même temps que les tomates une pomme de terre par personne, coupée en morceaux, puis au dernier moment juste avant de servir, il casse un œuf par personne sur les légumes ; la chaleur du plat est suffisante pour cuire les œufs.

Conseil :

En été, Georges fait griller les poivrons sur un barbecue, avant de les peler, de les épépiner et de les couper en lanières. A part, il cuit les tomates avec ail et oignon avant de mélanger le tout.

Gâteau de galettes

POUR 6 PERSONNES

préparation : 10 mn

cuisson : 20 mn

2 grosses galettes de pain azyme d'Afrique du Nord

4 œufs

1 bol de lait

120 g de sucre

75 g de beurre

Casser les galettes en petits morceaux et les faire tremper dans le lait quelques instants, il faut que les morceaux restent fermes.

Battre les œufs en omelette et mélanger avec le lait et les morceaux de galette.

Dans une poêle anti-adhésive, faire fondre la moitié du beurre, verser la préparation et laisser cuire 10 mn environ, jusqu'à ce que les œufs soient pris. Puis c'est le moment le plus difficile : celui de retourner le gâteau ; il faut le glisser sur une assiette, faire fondre le restant du beurre et retourner le gâteau en le faisant glisser dans la poêle ; terminer la cuisson pour que les deux côtés soient dorés et glisser sur le plat de service.

Saupoudrer largement de sucre en poudre et servir aussitôt très chaud.

Les enfants adorent ce gâteau.

Conseil :

Quand vous achetez les galettes, veillez à ce qu'elles proviennent bien d'Afrique du Nord : il existe beaucoup de variétés de pain azyme, mais seul celui-ci convient pour la recette.

HERVÉ T

D'origine alsacienne, la mère et la grand-mère d'Hervé étaient de fins cordons-bleus. Très gourmand depuis son plus jeune âge, Hervé étudie la physico-chimie : à quatorze ans, il s'enfermait avec des copains pour inventer des plats, dont la plupart se révélaient exécrables ; sans se décourager, Hervé chercha à comprendre et, très fier, réussit sur un bateau une béarnaise dans un verre à dents.
Rédacteur en chef adjoint de la Revue pour la Science et réunissant enfin ses deux passions, il a organisé le premier colloque international de gastronomie moléculaire et écrit des livres sur la chimie de la cuisine.
Pour Hervé, la gourmandise c'est de donner du plaisir : on mange l'amour que les gens vous donnent ; et il a toujours faim de cet amour-là.

Friture d'éperlans sauce mayonnaise à la Saint-Jacques
Mousse méditerranéenne
Canard à la Brillat-Savarin

Friture d'éperlans sauce mayonnaise à la Saint-Jacques

POUR 4 PERSONNES

préparation : 30 mn

cuisson : 25 mn

1 kg d'éperlans très frais

4 coquilles Saint-Jacques

1 carotte

1 blancs de poireau

1 laitue

25 cl de bon vin blanc

1 feuille de gélatine

Commencer par confectionner cette mayonnaise sans œuf : faire dorer dans une poêle les noix de Saint-Jacques dans le beurre. Quand les coquilles sont colorées, on sait que des réactions chimiques dites « de Maillard » ont engendré des molécules qui ont du goût.
Ajouter alors la carotte et le poireau coupé en julienne (très petits bâtonnets), le vin blanc, et laisser cuire à découvert 15 à 20 mn afin de réduire le volume de liquide à 5 cl environ ; filtrer, jeter les Saint-Jacques et voici la base aqueuse qui servira à confectionner la mayonnaise.
Ajouter une feuille de gélatine (voici les molécules tensioactives), saler, poivrer et incorporer l'huile peu à peu en fouettant ; la mayonnaise monte. Mettre au réfrigérateur.
Disposer sur des assiettes des feuilles de laitue assaisonnées de vinaigre balsamique et d'huile.
Faire frire les éperlans, après les avoir roulés dans la farine quelques minutes dans un grand bain d'huile bien chaude à 180°.
Dès qu'ils sont dorés, égoutter et disposer sur la salade avec une quenelle (une cuillère) de mayonnaise à la Saint-Jacques.

30 g de beurre

30 cl d'huile

1 cuillère à soupe de vinaigre balsamique

100 g de farine

huile de friture

sel, poivre

Conseil :

Laissons parler Hervé : « Cette recette m'amuse parce que la mayonnaise est montée sans le saint Jaune d'œuf. Le raisonnement est simple : une mayonnaise est une émulsion, c'est à dire une dispersion de gouttelettes d'huile dans l'eau du jaune d'œuf, du vinaigre et de la moutarde. Si les gouttelettes ne se regroupent pas en une phase huileuse qui surnagerait, c'est grâce aux molécules tensioactives du jaune d'œuf qui enrobent les gouttelettes et les font se repousser mutuellement. Ces molécules tensioactives ont une extrémité qui se dissout bien dans l'eau et une autre qui ne se dissout pas ; la partie qui se dissout se place dans l'eau et l'autre partie dans l'huile. Dans cette émulsion, bien des choses par conséquent peuvent être modifiées : les arômes dissous dans l'eau, les types de molécules tensioactives, le type d'huile. Dans cette recette, je vous ai proposé de remplacer le jaune par une gelée très corsée. »

Mousse méditerranéenne

POUR 6 PERSONNES

préparation : 40 mn

cuisson : 30 mn

1 kg de tomates

6 œufs

100 g d'olives noires

12 filets d'anchois

1 citron

6 feuilles de gélatine

1 cuillère à café de pastis

20 cl de crème épaisse

3 cl de lait

tabasco

1 brindille de thym

1 branche de fenouil

1 sachet de gelée

sel, poivre

Peler les tomates en les plongeant quelques secondes dans de l'eau bouillante puis dans l'eau froide ; les couper en deux et les mettre dans un chinois (passoire à grille fine) en les pressant au-dessus d'un saladier pour en récupérer le jus et éliminer les pépins.
Faire cuire à feu doux cette purée avec le thym, le fenouil et quelques gouttes de tabasco pendant 20 mn.
Dénoyauter les olives et les hacher grossièrement..
Faire pocher les œufs dans une casserole d'eau frémissante additionnée d'1/2 verre de vinaigre et les laisser égoutter sur du papier absorbant.
Ôter fenouil et thym de la tomate, incorporer les feuilles de gélatine et remuer jusqu'à ce qu'elles soient fondues ; ajouter le jus de citron, le pastis et les olives, laisser refroidir.
Préparer la gelée ; disposer au fond de six ramequins deux filets d'anchois et verser par-dessus un peu de gelée ; placer au congélateur quelques minutes, juste le temps que la gelée prenne.
Fouetter la crème avec le lait et l'incorporer à la fondue de tomates.
Dans chaque ramequin, poser sur la gelée un œuf poché et recouvrir de mousse de tomate et remettre au réfrigérateur 2 à 3 h.

Conseil :

Écoutons Hervé : « La mode est à la cuisine méditerranéenne ; confectionnons une entrée légère, fraîche et dont les ingrédients nous évoquent les rives sillonnées par Ulysse. »

Canard à la Brillat-Savarin

POUR 4 PERSONNES

préparation : 15 mn

cuisson : 15 mn

4 cuisses de canard

10 cl de cointreau

75 g de beurre

sel, poivre

Dans un verre faire dissoudre une cuillère à café de sel dans le cointreau et faire infuser une cuillère à café de poivre moulu.
Dans une poêle, faire fondre le beurre à feu vif et faire dorer les cuisses de canard de chaque côté jusqu'à ce qu'elles aient pris de la couleur : les réactions dites "de Maillard", entre les sucres, les protéines et les graisses, engendrent des composés goûteux et colorés et la viande ne sera pas insipide.
Ôter les cuisses de la poêle et les poser sur du papier absorbant pour éliminer les graisses ; puis, avec une seringue hypodermique, injecter de l'infusion de cointreau dans les cuisses ; ne pas lésiner.
Terminer la cuisson en mettant les cuisses 2 à 3 mn au micro-ondes où elles seront cuites dans une vapeur d'orange parfumée.

Conseil :

Hervé vous rassure : « Voici une recette où, crime gastronomique, on fait cuire de la viande au micro-ondes ! Ne craignez rien, la viande sera goûteuse, car on lui a donné préalablement le goût qu'elle n'aurait pas eu sans soin particulier. »

VOUS AIMEZ LE SAFRAN ET LE CUMIN?
OUI, MAIS PAS ENSEMBLE.

JEAN-CLAUDE

Architecte et critique gastronomique dans un célèbre quotidien, Jean-Claude est un « accro » de la grande cuisine ; il passe son temps dans les restaurants mais, de temps en temps, invite ses copains chez lui pour des repas somptueux, où il invente des plats selon les produits de saison et ses passions du moment ; en hiver, c'est la truffe. Sublime !....
Sa femme lui administre des bouillons de légumes très délicats qui mettent son foie au repos.
Laissons Jean-Claude, doué d'une belle plume, s'exprimer sur la bonne tenue d'un repas réussi : « Le nombre idéal de convives d'une table de fête ne doit pas être inférieur à celui des Grâces, trois, et ne pas excéder celui des Muses, neuf ; ces recommandations inattendues d'un philosophe qui n'était pas spécialement épicurien ne sont pas toujours aisées à observer pour une table de fête. Elles faciliteront toutefois la vie de la maîtresse de maison qui souhaiterait honorer ses invités avec une soupe de truffes ou une fricassée de coquillages, un chapon à l'étouffée et une soupe de fruits de saison. »

Soupe de truffes
Fricassée de coquillages
Chapon Acratos
Soupe de fruits

Soupe de truffes

POUR 4 PERSONNES

préparation : 20 mn

cuisson : 10 mn

1 litre de bon bouillon de poule dégraissé, et bien parfumé
200 g de poireaux
200 g de céleri rave
200 g de carottes
50 g de morilles séchées
1 truffe fraîche de 50 g
20 cl de jus de truffe
100 g de crème fraîche
1 jaune d'œuf
sel, poivre

Préparer, la veille, un bouillon de poule bien parfumé et bien le dégraisser. La mise en place consistera à faire cuire séparément, dans une partie du bouillon, les légumes en julienne : poireaux, céleri rave et carottes, en les laissant croquants, ainsi qu'une poignée de morilles séchées
Dans le reste du bouillon, réduit d'un tiers, ajouter au moment de servir les légumes, les morilles, le jus de truffe et la truffe écrasée.
Laisser tiédir (à 60° environ) et lier au fouet, en chauffant (mais sans laisser bouillir), avec une bonne cuillère de crème fraîche épaisse et un jaune d'œuf.
Rectifier l'assaisonnement et servir dans des assiettes chaudes.

Conseil :

Que rajouter devant tant de précisions ? Les légumes « en julienne » sont des bâtonnets taillés de 4 cm de long sur 2 mm d'épaisseur. Le temps de cuisson est très rapide, 2 à 3 mn.
Le jus de truffe s'obtient en cuisant une truffe fraîche dans 15 cl d'eau pendant 10 mn ; ou en récupérant le jus d'une truffe en conserve ; dans cette recette, puisqu'il est nécessaire d'utiliser une truffe fraîche pour l'écraser dans le bouillon, ne pas jeter la cuite mais la garder, pour l'incorporer à des œufs brouillés par exemple.

Fricassée de coquillages

POUR 4 PERSONNES

préparation : 20 mn

cuisson : 25 mn

25 moules d'Espagne

20 grosses palourdes

20 praires

1/4 de litre de vin blanc sec

2 cuillères à soupe d'huile d'olive

15 cl de crème fraîche

1 jaune d'œuf

3 giclées de kirsch

thym frais

sel, poivre du moulin

Hors la saison des truffes, on se procurera quelques belles moules d'Espagne, de grosses palourdes et des praires.
Faire bouillir le thym, le vin blanc et l'huile d'olive 15 mn, puis y placer les coquillages nettoyés au fur et à mesure de leur ouverture, les réserver au chaud. Lorsque tout est ouvert (moules, palourdes et praires) verser la liaison crème et jaune d'œuf dans le jus de cuisson des coquillages ; au dernier moment ajouter trois giclées de kirsch en poivrant et fouettant. Arroser les coquillages et servir.

Conseil :

Il faut choisir un vin blanc sec de qualité pas trop acide : un bordeaux par exemple ou un chardonnay.

Chapon Acratos

POUR 10 PERSONNES

préparation : 15 mn

cuisson : 2 h

1 beau chapon de Bresse (de 3 à 4 kg)
2 à 3 truffes fraîches
8 escalopes de veau assez fines
150 g de beurre
1 oignon
sel, poivre

Il est de nombreuses façons de cuire un chapon. Celle-ci ne relève ni du « rôti » ni « du bouilli » ; il faut un chapon de bonne origine de Bresse (l'idéal, mais le plus cher), ou encore des Landes ou de l'Ardèche.
Il faudra saler et poivrer l'intérieur, avant de le garnir d'une ou plusieurs truffes brossées. Ensuite, l'enrober intégralement de fines escalopes de veau bien ficelées de manière à protéger sa peau délicate ; votre boucher vous rendra ce service.
Placer le chapon bardé de la sorte, bien beurré, dans une grande cocotte en fonte couverte et commencer la cuisson à froid, car la chair ne doit pas être saisie. Augmenter après 20 mn environ, et laisser cuire à cette température en arrosant tous les 1/4 d'heure et en augmentant peu à peu la température du four jusqu'à th6-200°. La cuisson s'effectuera doucement par échange de chaleur en un peu moins de deux heures. A mi-cuisson on pourra ajouter un oignon coupé en deux dans la cocotte.
Pendant la préparation du chapon, la grand-mère, comme de coutume, pourra commencer de sa voix chevrotante, un peu mystérieuse et lointaine, le conte traditionnel ; « c'était il y a des temps... »

Puis on enlèvera les escalopes et la peau ; on émincera les blancs, les cuisses et les ailes, sans oublier les « sots-l'y laisse »... et la truffe, qui aura parfumé l'ensemble. On arrosera du jus de cuisson et l'on servira avec des crosnes, une purée de céleri ou des pâtes fraîches travaillées à la crème et garnies de fonds d'artichauts frais en lamelles.

Servir avec un Saint-Julien, par exemple un Château Branaire 1982.

Conseil :

Acratos (« celui qui ne met pas d'eau dans son vin ») est le pseudonyme du signataire.
Avec les escalopes, la peau et le restant du chapon, on peut faire une farce délicate pour un chou farci ou un hachis parmentier.

Soupe de fruits

POUR 6 PERSONNES

préparation : 20 mn

cuisson : 15 mn

1 bouteille de Sauternes ou de vin blanc liquoreux
3 pêches
3 brugnons
6 abricots
1 poignée de cerises
1 poignée de fraises ou de fraises des bois
quelques myrtilles
quelques groseilles
5 cuillères à soupe de sucre

Il faut une bouteille de vin blanc liquoreux, Sauternes Cérons ou Monbazillac, dans laquelle on ajoute 5 cuillères à soupe de sucre ; on y mettra doucement les fruits à pocher. Selon leur degré de maturité, ou leur texture, le pochage sera plus ou moins long, mais au total n'excédera pas 10 mn.
Selon la saison on choisira des pêches, des brugnons, des abricots, des cerises auxquels on ajoutera, en arrêtant le pochage, une poignée de fraises ou de fraises des bois, quelques myrtilles, des groseilles.
On préparera des zestes d'orange confits dans une réduction de sirop de sucre que l'on ajoutera au moment de servir, très frais.
On peut décorer la surface de quelques tranches de kiwi.
Cette délicate préparation, idéale pour un dîner d'été en Provence, peut être facilement adaptée à d'autres saisons. Au début de l'hiver, la figue et les raisins Italia, les pêches de vigne et quelques poires comice avec des fraises tardives et des framboises ; plus tard, ce sont les cerises du Chili, avec la mangue du Pérou ou le melon de Guadeloupe et certains de ces fruits du Cap, qui arrivent désormais aussi vite que… de Hollande !

Conseil :

On trouve des zestes d'orange confits chez les pâtissiers, les confiseurs et les épiceries fines. A défaut, il suffit de prélever avec un économe le zeste d'une orange à peau épaisse sans garder la peau blanche, qui est amère, de tailler ce zeste en bâtonnets et de les faire cuire 10 à 15 mn dans 1 verre d'eau avec 150 g de sucre ; égoutter et laisser refroidir.

JEAN-LOUIS

Spécialisé dans les droits d'auteur, Jean-Louis est un jeune et brillant avocat. Après quelques années de célibat durant lesquelles Jean-Louis recevait ses copains avec les foies gras cuisinés par sa mère et de somptueux plats dont il avait le secret, le tout largement arrosé de grands bordeaux, il a succombé aux charmes d'une belle Andalouse qui l'a converti aux recettes de son pays
il les réalise à la perfection.

Gaspacho andalou
Soupe de légumes du dimanche
Côte de bœuf purée

Gaspacho andalou

POUR 6 PERSONNES

préparation : 15 mn

pas de cuisson

6 belles tomates (1 kg)
1 poivron rouge
1 poivron vert
2 oignons moyens (100 g)
1 concombre normal
3 gousses d'ail
3 cuillères à soupe d'huile d'olive
2 cuillères de vinaigre
1 cuillère à café de pimentón dulce (poivron séché moulu)
1/2 litre d'eau
sel, poivre

Le gaspacho se prépare seulement quand il fait très chaud.
Il est souhaitable d'avoir près de soi une belle Andalouse dont les suggestions gastronomiques peuvent toujours être utiles. A défaut, une jeune fille des Asturies ou d'Estrémadure peut très bien faire l'affaire.
Plonger les tomates dans l'eau bouillante pour les peler plus facilement.
Éplucher les oignons, les tomates, le concombre et les gousses d'ail et mixer le tout dans un mixer ou, mieux, dans un blender, jusqu'à ce que la préparation devienne une bouillie fine et homogène.
Saler, poivrer et ajouter le vinaigre, l'huile d'olive et le pimenton ; ajouter enfin 1/2 litre d'eau et continuer de mixer.
Placer le gaspacho recouvert d'un film plastique dans le réfrigérateur pendant 3 h minimum.
Servir en entrée ou (comme en Andalousie) à l'heure du goûter, avec des tout petits morceaux de pain grillé.

Conseil :

Si vous devez consommer le gaspacho aussitôt, au lieu d'ajouter de l'eau, mettez quelques glaçons dans le mixer en même temps que les légumes.

Soupe de légumes du dimanche

POUR 6 PERSONNES

préparation : 20 mn

cuisson : 25 mn

400 g de potiron
4 navets
6 carottes
3 pommes de terre
2 poireaux
2 tomates
1 joli chou vert
1 oignon
3 cuillères à soupe d'huile d'olive
1 clou de girofle
sel, poivre

Le dimanche, vers 11 h 30 se lever et courir directement au marché avec un grand sac résistant pour acheter de bons légumes « bio ».
Rentrer à la maison, éplucher et laver tous les légumes et les couper en dés de 2 x 2 cm.
Trouver pendant ce temps à votre compagne une occupation alternative, qui la tiendra éloignée du sanctuaire culinaire que doit demeurer la cuisine pour faire une bonne soupe dans le repos de l'âme.
Verser l'huile d'olive au fond de la cocotte et faire revenir l'oignon finement haché ; quand il commence à blondir, ajouter les navets et les poireaux jusqu'à ce qu'ils soient saisis et qu'ils commencent à blondir.
Verser 1 litre 1/2 d'eau, ajouter les autres légumes et le clou de girofle, saler, poivrer et laisser cuire 15 mn à partir de la reprise de l'ébullition.
Servir bien chaud.

Conseil :

A défaut de trouver sur le marché les légumes « bio », vous pouvez essayer de faire cette délicieuse soupe avec des légumes ordinaires, mais dont la fraîcheur sera irréprochable.

Côte de bœuf purée

POUR 4 PERSONNES

préparation : 30 mn

cuisson : 40 mn

1 côte de bœuf de 1 kg 500

1 kg de pommes de terre

30 cl de crème fraîche

1/2 verre de lait chaud

gros sel, poivre

L'essentiel tient à la purée.
Choisir des pommes de terre à la chair blanche et tendre comme des Sirtema ou des Spunta.
Après les avoir pelées et sommairement lavées, les faire cuire dans de l'eau salée pour éviter que leur eau ne s'échappe dans l'eau de cuisson.
Égoutter et écraser les pommes de terre à la fourchette ; les remettre dans la casserole et incorporer la crème fraîche en fouettant avec une cuillère en bois jusqu'à ce que la purée soit onctueuse et d'une belle couleur blanche ; terminer en ajoutant un peu de lait chaud.
Mettre la purée dans un plat et la mettre au four pour la faire gratiner et la tenir au chaud.
En même temps, faire chauffer un plat en fonte émaillée qui va servir à la cuisson de la côte de bœuf.
Parsemer les deux côtés de la côte de gros sel et la mettre dans le plat préchauffé, et placer celui-ci sur la grille à 2 cm du grill ; faire cuire 10 mn d'un côté, retourner et faire cuire 6 mn de l'autre côté.
Laisser reposer 10 mn dans le four éteint.
Couper la côte de bœuf en lanières, juste en quantité suffisante pour un premier service ; garder le reste au chaud.
Servir les lanières de bœuf dans le plat de cuisson ce qui permettra de parfaire la cuisson de la viande pour ceux qui la préfèrent bien cuite.

Conseil :

Jean-Louis sert avec ce plat un Médoc ; Château Pichon Longueville Baron ou Cos D'Estournel, ou encore un Château Couffran.

KIM

Sud-américain, Kim a toujours voyagé et vécu dans beaucoup de pays ; curieux de tout et très gourmet, il est intarissable sur toutes les cuisines du monde.
Avec beaucoup d'humour et de talent, avant-gardiste de la « fusion food », il cuisine des plats qui n'appartiennent qu'à lui, melting pot de recettes de plusieurs pays ; son hachis parmentier s'inspire du very british « sheeped pie ». Très sensible à l'esthétique, il s'arrange aussi pour que ses plats soient beaux à regarder.

Foie de veau en crépines d'herbes
Hachis parmentier façon Kim

Foie de veau en crépines d'herbes

POUR 6 PERSONNES

préparation : 20 mn

cuisson : 40 mn

1 foie de veau entier
2 grandes crépines de porc
1 citron
1 verre de gin
2 cuillères à soupe de baies de genièvre
2 cuillères à soupe de fond de veau déshydraté
2 cuillères à soupe d'huile
6 brindilles de thym citron
1/2 bouquet de menthe
1 bouquet de coriandre
1/2 bouquet de persil plat
sel, poivre

Hacher ensemble la menthe, le persil plat, la coriandre et le thym citron.
Entourer – ou plutôt emmailloter – le foie de veau dans une des crépines de porc ; recouvrir entièrement de hachis d'herbes et recouvrir à nouveau avec l'autre crépine.
Poser le foie dans un plat à four huilé à bord assez haut et saupoudrer de fond de veau et arroser d'un bon verre d'eau, saler, poivrer et faire cuire au four préchauffé th6-180° pendant 30 à 40 mn, selon que l'on apprécie la chair du foie plus ou moins rosée.
Ôter le foie du four, garder au chaud sur le plat de service.
Déglacer le plat de cuisson avec le gin et les baies de genièvre, ajouter le jus d'un citron et laisser réduire quelques instants jusqu'à ce que le jus épaississe.

Conseil :

Servir avec un riz Basmati, des pâtes fraîches, des haricots verts ou une purée de pommes de terre.
Il est difficile de donner les bonnes proportions d'herbes ; en effet, selon la saison ou leur provenance, elles sont plus ou moins parfumées. Le thym citron est une variété de thym à la saveur délicatement parfumée , à défaut de le trouver sur les marchés, on s'en procure facilement chez les horticulteurs et, à Paris, quai de la Mégisserie et au marché aux fleurs.

Hachis parmentier façon Kim

POUR 8 PERSONNES
préparation : 45 mn
cuisson : 1 h 30

1 kg 500 de pommes de terre à purée
500 g de viande de bœuf un peu grasse et moelleuse hachée
500 g de viande d'agneau, moitié collier moitié épaule hachée
5 œufs durs
2 poivrons rouges
1/2 boîte de tomates pelées

Éplucher les pommes de terre, les couper en morceaux réguliers et les faire cuire 20 mn dans de l'eau salée ; égoutter et passer au presse-purée.
Réchauffer la purée en incorporant, sans cesser de remuer, le beurre puis le lait chaud ; on doit obtenir une purée un peu sèche, surtout pas trop liquide ; garder au chaud.
Faire tremper les raisins dans le vin de Xeres.
Dans une grande poêle, faire revenir dans la moitié de l'huile d'olive les oignons, les échalotes et l'ail hachés ; ajouter les poivrons épépinés et coupés en petits cubes et faire bien rissoler le tout en remuant souvent ; ajouter du thym, de l'origan et la pulpe de tomate, saler, poivrer et laisser encore cuire 5 mn.
Dans une autre poêle faire dorer les viandes dans le restant de l'huile d'olive sur feu vif en la remuant sans arrêt, arroser avec le bouillon et laisser cuire 5 mn ; ajouter hors du feu les olives grossièrement hachées et les raisins secs avec leur vin.
Mélanger les deux préparations et goûter pour vérifier l'assaisonnement.
Dans un grand plat à four beurré, étaler en une seule couche cette farce de viandes ; par-dessus disposer des fines tranches d'œufs durs ; recouvrir par une seule couche épaisse de purée de pommes de terre ;

A l'aide d'une fourchette, faire des dessins sur la surface, parsemer de parmesan râpé et de noisettes de beurre et faire cuire au four préchauffé th6-180° pendant 40 mn.
Servir accompagné d'une salade verte.

2 oignons
3 échalotes
3 gousses d'ail
60 g de raisins de Corinthe
100 g d'olives noires et vertes de Nyons dénoyautées
1 verre de xérès
1 bol de bouillon
4 cuillères à soupe d'huile d'olive
150 g de beurre
15 cl de lait
50 g de parmesan râpé
sel, poivre

Conseil :

Kim, dans cette recette, a mélangé le hachis parmentier avec le « sheeped pie » anglais et il a ajouté quelques notes méditerranéennes. Il prétend que si ce hachis est sec, il est raté et on n'a plus qu'à le donner au chien.

LOUIS

Louis est dentiste, très gourmand, très bavard, très drôle. Pendant qu'on a la bouche ouverte coincé sur son siège, il a le chic pour vous raconter des histoires pulpeuses, ou vous décrire avec délices les plats qu'il a cuisinés la veille, sans, bien sûr, que l'on puisse faire le moindre commentaire, sauf s'étouffer de fou rire.
C'est sur son bateau qu'il aime le plus faire la cuisine ; ses plats sont simples, préparés avec les moyens du bord et au hasard des pêches du jour, mais toujours arrosés de très bons vins.

Calmars au vin rouge

POUR 4 PERSONNES

préparation : 20 mn

cuisson : 1 h 30

1 kg 500 de calmars

4 oignons

2 à 3 gousses d'ail

3 cuillères à soupe d'huile d'olive

1 bouteille de vin rouge de Cahors

sel, poivre

Laver, nettoyer les calmars, ôter le cartilage et l'intérieur de la poche, puis les couper en tronçons ; couper la tête pour garder les tentacules et jeter les yeux.

Dans une cocotte, faire revenir les oignons hachés dans l'huile d'olive ; quand ils commencent à roussir, ajouter les calmars et verser la moitié de la bouteille de vin rouge ; saler un peu, poivrer et laisser mijoter 1 h 30 à feu doux.

De temps en temps, surveiller la cuisson et ajouter du vin quand il n'y en a plus.

Goûter pour vérifier l'assaisonnement et ajouter l'ail finement haché.

Conseil :

Pour cuisiner ce plat, il faut un vin puissant ; à défaut de Cahors, Louis utilise du Madiran et il boit un Bergerac rouge, un Pécharmant 90. Les calmars nécessitent une cuisson lente et douce pour être tendres.

Consommé d'oursins

POUR 4 PERSONNES

préparation : 30 mn

cuisson : 10 mn

24 gros oursins

1 litre de lait entier

sel, poivre

Ouvrir les oursins avec des ciseaux , prélever la chair et ne garder que le corail.
Faire tiédir le lait ; dans une casserole mettre les oursins et, sur feu doux, délayer doucement avec le lait en l'incorporant en totalité sans cesser de tourner ; ajouter une pointe de sel et poivrer avec du poivre blanc.
Servir tiède ou très frais.

Conseil :

Avec ce consommé, Louis boit un vin blanc sec, de Loire ou d'Alsace, un Gewurtztraminer ou un Tokay-Pinot gris.
Il faut compter six gros oursins par personne, mais souvent les oursins sont assez petits ; dans ce cas, il faut en prévoir douze par personne.

Œufs brouillés vide-poches

POUR 4 PERSONNES

préparation : 1h

cuisson : 30 mn

8 œufs

1 kg environ de fruits de mer ramassés sur la plage moules coques crevettes petits crabes seuls ou mélangés (au choix)

100 g de beurre

2 cuillères de crème fraîche

sel, poivre blanc

Commencer par préparer les fruits de mer : faire ouvrir les coques et les moules dans une casserole sur feu vif puis les ôter de leur coquille. Faire cuire les crevettes 1 mn dans de l'eau bouillante et salée, égoutter et ôter la carcasse si elle est épaisse ; cuire les crabes 5 mn environ dans de l'eau salée et les décortiquer. Faire cuire les œufs brouillés au bain-marie avec le beurre en les tournant bien jusqu'à ce qu'ils prennent ; au fur et à mesure, incorporer les fruits de mer en plusieurs fois ; terminer en ajoutant la crème, saler (peu, les fruits de mer le sont déjà), poivrer et servir sans plus attendre.

Conseil :

Louis sert avec ce plat un Saint-Joseph rouge 92 ou 93.
Les œufs brouillés sont bons et onctueux à condition d'être cuits très doucement au bain-marie et tournés sans arrêt.
Louis n'aime que le poivre blanc sur les poissons et les crustacés.

MICHEL S

Michel est normand, issu d'une mère modiste et cordon-bleu ; son grand-oncle était chef cuisinier à Dives-sur-mer, dans la célèbre auberge de Guillaume Le Conquérant, très réputée à l'époque.
Michel a toujours eu deux passions, la cuisine et la couture, qu'il a réussi à réunir. En s'inspirant du vêtement de travail et du costume Mao, il a créé un style de vêtement masculin devenu célèbre et adopté par de nombreux artistes, architectes et même certains hommes d'État ; pour concilier ses deux occupations, Michel prépare dans son atelier de couture des repas qu'il offre à ses clients de marque, quand ils viennent passer commande ou faire des essayages.
Michel aime les plats conviviaux faciles à préparer et qui savent attendre.

Homard de Guillaume
Bœuf à la cannelle
Lasagnes en terrine

Homard de Guillaume

POUR 4 PERSONNES

préparation : 15 mn

cuisson : 25 mn

4 homards vivants de 500 g chacun
ou 1 gros homard de 2 kg
5 belles tomates
125 g de beurre demi-sel
3 cuillères à soupe d'huile d'olive
4 oignons
2 échalotes
2 gousses d'ail
2 verres de vin blanc sec
1/4 de verre de calvados
4 verres d'eau
1 cuillère à soupe de farine
1 bouquet de persil plat
1 cuillère à soupe de gros sel
2 pincée de poivre de cayenne

Découper les homards vivants en tronçons ; fendre la tête en deux dans le sens de la longueur, recueillir le sang dans un bol.
Dans une sauteuse faire sauter à feu vif dans l'huile d'olive les morceaux de homard en les retournant pour qu'ils rougissent de tous les côtés ; flamber avec le calvados.
Saupoudrer avec la farine, mélanger, verser l'eau, le vin, le sang des homards ; ajouter les oignons, les échalotes, l'ail et le persil hachés, puis les tomates pelées et épépinées ; laisser mijoter à petits bouillons 20 mn.
Ôter les morceaux de homard et les placer sur un plat préchauffé ; passer la sauce et y laisser fondre le beurre et verser sur le homard ; servir aussitôt.

Conseil :

Si les tomates ne sont pas très «goûteuses», Michel ajoute un peu de concentré de tomate pour palier ce manque de saveur.
La cuisson du homard est de 20 mn environ, parfois moins, c'est à l'odeur que Michel sent si le homard est cuit, il suffit de s'exercer.

Bœuf à la cannelle

POUR 6 PERSONNES

préparation : 10 mn

cuisson : 5 h

1 kg 200 de bœuf, gîte ou paleron
12 gros oignons
6 gousses d'ail
2 cuillères à soupe de cannelle
1 citron
2 verres de vin blanc
thym, laurier
sel, poivre
une grande cocotte ou une terrine pouvant aller au four

Éplucher et émincer les oignons et en tapisser le fond de la cocotte ; poser par-dessus la viande, ajouter les gousses d'ail, la cannelle, le thym et le laurier ; saler, poivrer et arroser avec le jus de citron et le vin blanc. Couvrir et faire cuire au four préchauffé th4-120° pendant 4 à 5 h ; contrôler de temps en temps le jus de cuisson et ajouter au besoin de l'eau.

Conseil :

On ne met pas de matière grasse, c'est inutile. Michel ajoute parfois, 1 h 30 avant la fin de la cuisson, 2 à 3 pommes de terre par personne.

Lasagnes en terrine

POUR 10 PERSONNES

préparation : 1 h

cuisson : 1 h 20

pour l kg de pâte à lasagne

750 g de farine

4 œufs

10 g de sel

1 cuillère à soupe d'huile d'olive

pour la farce :

1 kg de viandes rôties : poulet, rosbif ou veau

3 gousses d'ail

Mettre de l'eau tiède dans un bol.
Disposer la farine sur une surface plane, former un cône, faire un cratère et casser les œufs dedans ; ajouter le sel, l'huile et commencer à mélanger délicatement à la main ; pétrir en se mouillant régulièrement les doigts dans le bol jusqu'à obtention d'une pâte souple. Laisser reposer dans un linge 1 h.
Séparer la pâte en trois boules que l'on étend vigoureusement à l'aide d'un rouleau à pâtisserie pour obtenir une pâte fine. Découper en rectangles grands comme la terrine et étaler sur un linge.
Faire cuire les épinards, après les avoir lavés, 3 mn dans une grande quantité d'eau bouillante et salée, égoutter et presser fortement pour ôter toute l'eau.
Préparer la farce : hacher la viande ; faire revenir les oignons, l'ail et les échalotes hachés dans l'huile d'olive ; quand ils commencent à prendre couleur, ajouter la viande, le thym, le persil haché, saler (peu, la viande l'est déjà), poivrer ; cuire 5 mn sans cesser de remuer.
Verser un peu d'huile d'olive au fond de la terrine ; étaler une couche de lasagnes ; par-dessus disposer une couche de farce, puis du coulis et des épinards ; saupoudrer de parmesan et recommencer l'opération quatre à cinq fois jusqu'à ce que tous les ingrédients soient épuisés ; terminer par une couche de lasagnes saupoudrées de parmesan râpé et faire cuire au four préchauffé th6-180° pendant 1 h environ.

4 oignons
4 échalotes
1 kg d'épinards en branches
150 g de parmesan râpé
thym
persil plat
4 cuillères à soupe d'huile d'olive
75 cl de coulis de tomates
sel, poivre

Conseil :

Pour gagner du temps, on peut acheter des lasagnes prêtes à l'emploi et des épinards surgelés.

ÇA M'A L'AIR D'UN GRAND CLASSICISME !..

PIERRE C

Curieux de tout et toujours émerveillé par la vie, Pierre est un vrai gourmet, aussi esthète que jouisseur ; après vingt-cinq années d'une brillante carrière de publicitaire, il décida, la cinquantaine franchie, de vivre désormais uniquement pour ce et ceux qu'il aime : sa famille, le bridge et le golf, les antiquités 1930, la photo... et la cuisine ; son plat préféré : les gnocchi, une recette de sa mère qu'elle tenait elle-même de sa mère.

Gnocchi des femmes Caillat

Gnocchi des femmes Caillat

POUR 4 PERSONNES

préparation : 30 mn

cuisson : 45 mn

125 g de farine

4 œufs

80 g de beurre

1/4 de litre d'eau

sel

pour la béchamel :

30 g de farine

30 g de beurre

30 cl de lait

1/2 cuillère à café de quatre-épices

100 g d'emmental

50 g de parmesan râpé

sel, poivre

Dans une casserole, porter à ébullition l'eau, le beurre et le sel.
Dès que l'eau bout, ôter la casserole du feu et verser la farine ; mélanger jusqu'à ce qu'on obtienne une pâte lisse ; remettre sur feu doux et tourner pour assécher la pâte sans qu'elle attache au fond de la casserole et jusqu'à ce qu'elle forme une boule en se détachant des parois de la casserole.
Hors du feu, incorporer les œufs un à un ; laisser refroidir.
Porter à ébullition une grande casserole d'eau salée, et jeter dans l'eau frémissante des petites boules de pâte qui vont cuire en quelques secondes ; ôter, égoutter et les mettre dans un plat à four beurré.
Préparer la béchamel : faire chauffer le lait ; dans une autre casserole, faire fondre à feu doux le beurre avec la farine et laisser frémir 2 mn sans cesser de tourner ; hors du feu verser le lait chaud, mélanger jusqu'à ce que la pâte soit bien lisse ; remettre sur le feu et laisser épaissir sans cesser de tourner ; quand la sauce commence à bouillir, saler, poivrer, ajouter le quatre-épices et laisser mijoter à feu doux 3 mn.
Ôter du feu et incorporer le fromage râpé, mélanger jusqu'à ce que le fromage soit fondu.
Verser sur les gnocchi, saupoudrer de parmesan râpé et faire gratiner au four préchauffé th7-210° 25 mn.

Conseil :

On peut remplacer l'emmental par du comté.

PIERRE D

Virtuose de la granule, qu'il associe à l'astrologie pour soigner des patients de plus en plus nombreux, Pierre est médecin homéopathe ; on ne prescrit pas les mêmes granules à un taureau ascendant cancer qu'à un cancer ascendant taureau !
A l'affût de tout ce qui est nouveau et qui est susceptible d'améliorer le bonheur et le bien être de l'humanité, Pierre pense ouvrir un jour un restaurant homéopathique où l'on viendrait se régaler tout en se faisant du bien : au menu, daube au nux vomica,
crème brûlée à l'ignatia...
Toujours en train de prêcher le jeûne à ses patients, enfin presque tous, le week-end, il se régale avec ses copains, sa femme et ses trois enfants de ses plats préférés fort caloriques dont il a besoin pour se ressourcer, lui.

Rillettes de thon
Harengs marinés façon Pierre
Gâteau de riz au lait

Rillettes de thon

POUR 6 PERSONNES

préparation : 10 mn

pas de cuisson

1 boîte de thon à l'huile d'olive

1 boîte de thon au naturel

2 échalotes

15 cl de crème fraîche

1 citron

tabasco

sel, poivre

Égoutter le thon au naturel et le mixer avec les échalotes, la crème, le jus de citron et quelques gouttes de tabasco.
Écraser à la fourchette ou plutôt effeuiller le thon à l'huile avec son huile d'olive puis mélanger avec la crème de thon.
Goûter pour vérifier l'assaisonnement et ajouter selon son goût un peu plus de jus de citron, de poivre, de sel, de tabasco.
Tasser la préparation dans un bol ou une terrine et laisser reposer 2 à 3 h au réfrigérateur.
On peut conserver ces rillettes cinq à six jours au frais.
Servir avec des tartines de pain grillé.

Conseil :

Pour alléger ces rillettes, on peut ajouter du persil plat haché. A servir à l'apéritif avec un vin blanc sec et fruité, un muscadet ou un bordeaux blanc, ou en entrée avec une salade de fenouil émincée assaisonnée d'huile d'olive et de jus de citron. C'est frais et délicieux.

Harengs marinés façon Pierre

POUR 6 PERSONNES

préparation : 15 mn

pas de cuisson

12 ou 18 harengs très frais selon leur grosseur

2 oignons violets

1 carotte

1 citron vert

2 cuillères à soupe de grains de genièvre

2 clous ce girofle

2 feuilles de laurier

huile d'olive

sel, poivre en grains

Demander au poissonnier de lever les filets des harengs ; les saupoudrer de sel fin et les laisser 10 mn. Pendant ce temps, disposer de très fines tranches d'oignon au fond d'une terrine en terre ou en porcelaine, puis quelques rondelles de carottes ; poser au-dessus des filets de hareng, quelques grains de genièvre, un clou de girofle, deux ou trois rondelles de citron vert, une feuille de laurier et quelques grains de poivre.

Recommencer, une couche d'oignons et de carottes et d'épices......

Quand tout est placé dans la terrine, arroser largement d'huile d'olive.

Laisser mariner deux jours au réfrigérateur avant de servir avec une salade de pommes de terre assaisonnée à chaud avec du vin blanc, du vinaigre de cidre, de l'huile d'olive, des oignons finement hachés et du persil plat.

Conseil :

Les harengs doivent être réellement très frais, comme chaque fois que l'on mange des poissons crus.

N'oubliez pas de choisir, pour la salade, des pommes de terre qui tiennent à la cuisson, Roseval, B.F. 15 ou Belle de Fontenay. Pour être bonne une salade de pommes de terre s'assaisonne toujours à chaud.

Gâteau de riz au lait

POUR 6 PERSONNES

préparation : 15 mn

cuisson : 50 mn

200 g de riz non traité

75 cl de lait

120 g de sucre en poudre

12 sucres en morceaux

2 œufs

20 cl de crème fraîche

1 bâton de vanille

1 pincée de sel

Faire cuire le riz 5 mn dans une casserole d'eau bouillante et salée ; égoutter puis le remettre dans la casserole avec le lait et la gousse de vanille fendue en deux et laisser cuire à feu doux 15 mn jusqu'à ce que le riz soit presque cuit.

Hors du feu, ajouter d'abord le sucre en poudre et la crème fraîche, mélanger puis ajouter les œufs ; mélanger à nouveau, ôter la gousse de vanille.

Faire un caramel bien coloré avec les morceaux de sucre et un peu d'eau et le verser dans un moule à soufflé ou un moule à bord haut en le faisant couler sur toutes les parois ; laisser refroidir.

Verser le riz dans le moule et faire cuire au bain-marie pendant 30 mn au four préchauffé th5-150°.

Ôter du four et démouler pour que le caramel coule sur le gâteau.

Conseil :

Choisir soit un riz à grain rond, d'Espagne ou d'Italie, soit un riz Basmati ou, encore mieux, un riz Vietnam au grain tendre et délicatement parfumé.

SILVIO

Silvio est italien, célibataire, amoureux des femmes et des belles choses de la vie. Il a débarqué chez moi amené par un copain et m'a appris à faire les pâtes aux brocoli ; c'était tellement bon que ce plat est devenu une de mes spécialités, bien qu'à la longue, je n'aie pu m'empêcher de le transformer. Silvio est originaire d'un village du sud de l'Italie, Genzano di Lucania, dans la province du Basilicate, et vit à Paris depuis trente ans. Fidèle aux saveurs de son pays, il ne cuisine que la pasta! avec beaucoup de légumes et toujours assaisonnée avec la même sauce tomate ; il aime la cuisine simple, vraie, avec des saveurs authentiques. Par contre, il a adopté les vins français ; ses préférés : les Saint-Julien, avec un gros faible pour le Gruaud-Larose.

Penne aux pommes de terre et au céleri
Fasul'cchi'e e patate (haricots verts aux pommes de terre)
Linguine aux feuilles de courgettes

Penne aux pommes de terre et au céleri

POUR 6 PERSONNES

préparation : 20 mn

cuisson : 25 mn

500 g de penne
1 pied de céleri
5 pommes de terre moyennes
2 oignons
1 boîte de tomate pelée
1 piment oiseau
5 cuillères à soupe d'huile d'olive
sel, poivre

Éplucher les pommes de terre et les couper en cubes.
Émincer le céleri, tiges et feuilles.
Porter à ébullition une grande quantité d'eau bouillante et salée. Jeter les penne dans l'eau et, 5 mn après, le céleri et les pommes de terre, et continuer la cuisson 10 mn.
Pendant ce temps, faire revenir dans l'huile d'olive les oignons hachés avec le piment oiseau ; quand les oignons sont dorés, ajouter les tomates, saler, poivrer et laisser mijoter 10 mn jusqu'à ce que la sauce soit onctueuse.
Égoutter les pâtes et mélanger avec la sauce ; servir brûlant.

Conseil :

En été, on remplace la tomate en boîte par des bonnes tomates fraîches bien parfumées, qu'il suffit de peler et d'épépiner avant de les faire cuire.
Vérifiez bien sur le paquet le temps de cuisson des pâtes ; les penne sont de grosses pâtes dont le temps de cuisson est en général de 20 à 25 mn. Si vous utilisez une autre sorte de pâtes, faites le compte à rebours pour que les légumes soient cuits en même temps que les pâtes.

Fasul'cchi'e e patate (haricots verts aux pommes de terre)

POUR 6 PERSONNES

préparation : 20 mn

cuisson : 30 mn

1 kg de pommes de terre B.F. 15

1 kg de haricots verts très frais

2 oignons

1 boîte 4/4 de tomates pelées

1 piment oiseau

4 cuillères à soupe d'huile d'olive

sel, poivre

Préparer la sauce tomate : faire revenir les oignons hachés dans l'huile d'olive · quand ils commencent à prendre couleur, ajouter les tomates pelées, le petit piment, sel, poivre et laisser mijoter 20 mn.
Éplucher les pommes de terre ; les couper en quatre dans le sens de la longueur en faisant une croix, puis en quatre ou cinq tranches dans l'autre sens pour obtenir des très petits cubes réguliers qui auront tous le même temps de cuisson.
Éplucher les haricots verts.
Dans une grande casserole faire cuire dans une grande quantité d'eau bouillante et salée les pommes de terre avec les haricots verts 7 mn environ, cela dépend de la grosseur des haricots verts ; pommes de terre et haricots doivent être cuits en même temps et être al dente, il faut donc goûter à plusieurs reprises.
Égoutter et mélanger avec la sauce tomate.
Servir chaud ou froid.

Conseil :

Silvio fait parfois ce plat avec des pâtes, qu'il fait cuire en même temps que les pommes de terre et les haricots ; leur temps de cuisson doit être le même que celui des légumes.

Linguine aux feuilles de courgettes

POUR 6 PERSONNES

préparation : 15 mn

cuisson : 30 mn

500 g de linguine

750 g de feuilles de courgettes avec la petite courgette naissante

1 boîte 1/2 de tomates pelées

1 oignon

1 petit piment oiseau

3 cuillères à soupe d'huile d'olive

sel, poivre

Préparer la sauce tomate : faire revenir dans l'huile d'olive l'oignon émincé ; quand il commence à dorer, ajouter les tomates et le piment, saler, poivrer et laisser mijoter 15 à 20 mn.
Laver et éplucher les feuilles, ôter les fils et les hacher grossièrement avec les petites courgettes.
Dans une grande quantité d'eau bouillante et salée, faire cuire les linguine avec les feuilles de courgettes, 5 à 7 mn selon le temps de cuisson indiqué ; égoutter et verser dans la casserole contenant la sauce tomate ; ôter du feu, mélanger et laisser reposer 2 à 3 mn avant de servir.

Conseil :

Il faut un jardin potager pour avoir des petites feuilles de courgettes très tendres, avec la fleur pas encore ouverte et la toute petite courgette naissante ; parfois, sur les marchés de Provence, on peut en trouver.

HERVÉ D L M

Éditeur de ce livre, Hervé considère que l'édition est une sorte de cuisine, avec la seule différence que l'une se consomme avec la bouche et l'autre avec les yeux. Les deux nécessitent des préparations, avec des recettes et des synopsis, des entrées et des introductions, des plats et des chapitres, des desserts et des conclusions ; la constante, c'est le plaisir, qu'il soit dans la préparation, la réalisation ou, bien sûr, dans la dégustation. Chez lui aussi, Hervé aime beaucoup faire la cuisine et s'occupe de tout ; cela commence par le marché, avec ses bonnes adresses, et continue avec la préparation et la cuisson des plats ; mais à chacun sa spécialité : si sa femme n'aime préparer que les salades et les desserts, Hervé se consacre aux viandes et aux poissons.

Pot-au-feu d'Hervé

Pot-au-feu d'Hervé

POUR 6 PERSONNES

préparation : 30 mn

cuisson : 2 h 15

1 kg 500 de bœuf
dans la macreuse
6 os à moelle
10 poireaux
1 kg de carottes
3 navets
1 boule de céleri rave
1 kg de pommes
de terre B. F. 15
1 oignon
4 échalotes
un bouquet
de persil plat
gros sel, poivre

Pour la sauce :

3 cuillères à soupe de
vinaigre de vin
5 cuillères à soupe
d'huile
1/2 botte de
persil plat
3 échalotes
sel, poivre

Porter à ébullition une grande marmite contenant 3 litres d'eau ; mettre la viande et laisser cuire 15 mn en ôtant l'écume au fur et à mesure qu'elle apparaît à la surface.
Ajouter l'oignon et les échalotes et laisser cuire à petit feu pendant 30 mn.
Pendant ce temps, éplucher tous les légumes ; mettre les carottes, les navets et le céleri, après ces trente minutes de cuisson, saler et poivrer largement et continuer à cuire pendant une heure.
Ajouter enfin les poireaux, les pommes de terre, et continuer la cuisson 15 mn ; ajouter les os à moelle et cuire encore 15 mn.
Pendant ce temps, préparer la sauce : hacher finement les échalotes avec le persil, ajouter vinaigre, sel et poivre et terminer en incorporant l'huile.
Servir la viande découpée, entourée de ses légumes et des os à moelle, avec la sauce à part.

conseil:

Pour un pot-au-feu plus riche, on peut mélanger les viandes (gîte à la noix, plat de côtes) ; on peut même ajouter un jarret de veau.
J'ajoute un bouquet garni avec du thym, du laurier et du romarin pour parfumer la viande et le bouillon.
Avec le pot-au-feu, Hervé boit un bourgogne rouge, un Chassagne-Montrachet.

LA CUISINE
DES
MECS
CLAP
CLAP
CLAP
CLAP
WOLINSKI

Index

ENTRÉES

POISSONS

DESSERTS

Acheve d'imprimer en avril 1996
sur les presses de Kapp-Lahure, à Évreux.
Dépot légal : avril 1996 . Imprimé en France
ISBN : 2 - 88143 - 934 - 1